THE DIALECTICAL METHOD OF NĀGĀRJUNA

Vigrahavyāvartanī

Fourth Edition (Revised and Enlarged)

Translated from the original Sanskrit with Introduction and Notes by

KAMALESWAR BHATTACHARYA

Text critically edited by

E. H. JOHNSTON AND ARNOLD KUNST

MOTILAL BANARSIDASS PUBLISHERS
PRIVATE LIMITED • DELHI

First Edition : Delhi, 1978
Second Edition : Delhi, 1986
Third Edition : Delhi, 1990
Fourth Edition : Delhi, 1998

ISBN: 81-208-0176-8 (Cloth)
ISBN: 81-208-0215-2 (Paper)

Also available at :

MOTILAL BANARSIDASS

41 U.A. Bungalow Road, Jawahar Nagar, Delhi 110 007
8, Mahalaxmi Chamber, Warden Road, Mumbai 400 026
120 Royapettah High Road, Mylapore, Chennai 600 004
Sanas Plaza, Subhash Nagar, Pune 411 002
16 St. Mark's Road, Bangalore 560 001
8 Camac Street, Calcutta 700 017
Ashok Rajpath, Patna 800 004
Chowk, Varanasi 221 001

PRINTED IN INDIA

BY JAINENDRA PRAKASH JAIN AT SHRI JAINENDRA PRESS,
A-45 NARAINA, PHASE I, NEW DELHI 110 028
AND PUBLISHED BY NARENDRA PRAKASH JAIN FOR
MOTILAL BANARSIDASS PUBLISHERS PRIVATE LIMITED,
BUNGALOW ROAD, NEW DELHI 110 007

PREFACE TO THE FOURTH EDITION

In this edition, some defects of the third edition have been removed, and some additions and alterations have been made.

32 Route de Brie
91800 BRUNOY
FRANCE
February 1998

KAMALESWAR BHATTACHARYA

PREFACE TO THE THIRD EDITION

Some further improvements have been made in this new edition.* It is hoped that the little book will continue to be well received.

Centre National de la
Recherche Scientifique, Paris
June 1989

KAMALESWAR BHATTACHARYA

*Despite criticisms, the transliteration of the Sanskrit text edited by Johnston and Kunst has been left as it is, for technical reasons.

PREFACE TO THE SECOND EDITION

It is gratifying that a second edition of this annotated translation of the *Vigrahavyāvartanī* is so soon called for.

The Introduction has been slightly developed, some minor changes have been made in the translation, some new elements have been introduced in the Notes and in the Bibliography, and the Sanskrit text and translation have been re-arranged.

KAMALESWAR BHATTACHARYA

Centre National de la Recherche
Scientifique, Paris
1985

PREFACE TO THE FIRST EDITION

An English translation of the *Vigrahavyāvartanī* with Introduction and Notes was published, under the same title, in the *Journal of Indian Philosophy* (Dordrecht, Holland), Vol. 1, 1971. Since then, this work has undergone a good deal of transformation. Thanks to the initiative taken by Messrs. Motilal Banarsidass, it is now being printed, revised and enlarged, along with the Sanskrit original, edited by E. H. Johnston and Arnold Kunst.

My heartiest thanks are due to my friend E. Gene Smith, not only for revising the proofs and making valuable suggestions but also for his warm hospitality in Delhi while this book was being printed.

KAMALESWAR BHATTACHARYA

Centre National de la Recherche
Scientifique, Paris, and University of Toronto
1978

CONTENTS

Preface to the Fourth Edition v
Preface to the Third Edition v
Preface to the Second Edition vi
Preface to the First Edition vi

PART I

Sanskrit Text
in Devanagari Script

विग्रहव्यावर्तनी 1

PART II

Sanskrit Text
in Roman Script

Preface 33
Introduction 36
Abbreviations 41
The Vigrahavyāvartanī 42
Index of *Kārikās* 86

PART III

English Translation

Introduction 89
Translation and Notes 95
Abbreviations and Bibliographical References 139
Index of the Significant Nyāya Technical Terms Used in the *Vigrahavyāvartanī* 141
Index of Uncommon Words 141
Index of the Ancient Authorities Quoted in the Introduction and in the Notes 142

PART I

Sanskrit Text in Devanagari Script

Reprinted from *The Nava-Nālandā-Mahāvihāra Research Publication*,
edited by Satkari Mookerjee, Volume I (Nalanda 1957).

Text basically the same as the one edited by
E. H. Johnston and Arnold Kunst

विग्रहव्यावर्तनी

सर्वेषां भावानां सर्वत्र न विद्यते स्वभावश्चेत्।
त्वद्वचनमस्वभावं न निवर्तयितुं स्वभावमलम् ।।१।।

यदि सर्वेषां भावानां हेतौ प्रत्ययेषु च हेतुप्रत्ययसामग्र्यान्च पृथक् च सर्वत्र स्वभावो न विद्यत इति कृत्वा शून्याः सर्वभावा इति। नहि बीजे हेतुभूतेऽङ्कुरोऽस्ति न पृथिऽव्यप्तेजोवाय्वादीनामेकैकस्मिन् प्रत्ययसंज्ञिते, न प्रत्ययेषु समग्रेषु, न हेतुप्रत्ययसामग्र्याम्,- न हेतुप्रत्ययविनिर्मुक्तः पृथगेव च। यस्मादत्र सर्वत्र स्वभावो नास्ति तस्मान्निः– स्वभावोऽङ्कुरः। यस्मान्निःस्वभावस्तस्माच्छून्यः। यथा चायमङ्कुरो निःस्वभावो निःस्वभावत्वाच्च शून्यस्तथा सर्वभावा अपि निःस्वभावत्वाच्छून्या।

अत्र वयं ब्रूमः। यद्येवम्, तवापि वचनम् यदेतच्छून्याः सर्वभावा इति तदपि शून्यम्। किं कारणम्। तदपि हेतौ नास्ति महाभूतेषु संप्रयुक्तेषु विप्रयुक्तेषु वा, प्रत्ययेषु नास्त्युरः- कण्ठौष्ठजिह्वादन्तमूलतालुनासिकामूर्द्धप्रभृतिषु यत्नेषु उभयसामग्र्यां नास्ति, हेतु- प्रत्ययविनिर्मुक्तं पृथगेव च नास्ति। यस्मादत्र सर्वत्र नास्ति तस्मान्निःस्वभावम्। यस्मान्निःस्वभावं तस्माच्छून्यम्। तस्मादनेन सर्वभावस्वभावव्यावर्तनमशक्यं कर्त्तुम्। न ह्यसताग्निना शक्यं दग्धुम्। न ह्यसता शस्त्रेण शक्यं छेत्तुम्। न ह्यसतीभिरद्भिः शक्यं क्लेदयितुम्। एवमसता वचनेन न शक्यः सर्वभावस्वभावप्रतिषेधः कर्त्तुम्। तत्र यदुक्तं सर्वभावस्वभावः प्रतिषिद्ध इति तन्न।

अथ सस्वभावमेतद् वाक्यं पूर्वा हता प्रतिज्ञा ते।
वैषमिकत्वं तस्मिन् विशेषहेतुश्च वक्तव्यः ।।२।।

अथापि मन्यसे मा भूदेष दोष इति सस्वभावमेतद्वाक्यं सस्वभावत्वाच्चाशून्यम् तस्मादनेन सर्वभावस्वभावः प्रतिषिद्ध इति, अत्र ब्रूमः। यद्येवम्, या ते पूर्वा प्रतिज्ञा, शून्याः सर्वभावा इति, हता सा।

किं चान्यत्। सर्वभावान्तर्गतञ्च त्वद्वचनम्। कस्माच्छून्येषु सर्वभावेषु त्वद्वचनम शून्यम्, येनाशून्यत्वात् सर्वभावस्वभावः प्रतिषिद्धः? एवं षट्कोटिको वादः प्रसक्तः

स पुनः कथमिति। हन्त चेत् पुनः शून्याः सर्वभावाः,तेन त्वद्वचनं शून्यम्, सर्वभावान्त–र्गतत्वात्। तेन शून्येन प्रतिषेधानुपपत्तिः। तत्र यः प्रतिषेधः शून्याः सर्वभावा इति सोऽनुपपन्नः। उपपन्नश्चेत् पुनः शून्याः सर्वभावा इति प्रतिषेधः, तेन त्वद्वचनमपि(प्य?-) शून्यम्। (अ)शून्य त्वादनेन प्रतिषेधोऽनुपपन्नः। अथ शून्याः सर्वभावास्त्वद्वचन-ञ्चाशून्यम्, येन प्रतिषेधः, तेन त्वद्वचनं सर्वत्रासंगृहीतम्। तत्र दृष्टान्तविरोधः। सर्वत्र चेत्पुनः संगृहीतं त्वद्वचनं सर्वभावाश्च शून्याः, तेन तदपि शून्यम्। शून्यत्वादनेन नास्ति प्रतिषेधः। अथ शून्यमस्ति चानेन प्रतिषेधः शून्याः सर्वभावा इति, तेन शून्या अपि सर्वभावाः कार्यक्रियासमर्था भवेयुः। न चैतदिष्टम्। अथ शून्याः सर्वभावाः, न च कार्यक्रियासमर्था भवन्ति मा भूद् दृष्टान्तविरोध इति कृत्वा, शून्येन त्वद्वचनेन सर्वभावस्वभावप्रतिषेधो नोपपन्न इति।

किञ्चान्यत्। एवं तदस्तित्वाद् वैषमिकत्वप्रसङ्गः किञ्चिच्छून्यम् किञ्चिद–शून्यमिति। तस्मिश्च वैषमिकत्वे विशेषहेतुर्वक्तव्यो येन किञ्चिच्छून्यम् किञ्चिद–शून्यं स्यात्। स च नोपदिष्टो हेतुः। तत्र यदुक्तं शून्याः सर्वभावा इति तन्न।

किञ्चान्यत्।

मा शब्दवदित्येतत् स्यात्ते बुद्धिर्न चैतदुपपन्नम्॥
शब्देन ह्यत्र सता भविष्यतो वारणं तस्य॥३॥

स्यात्ते बुद्धिः, यथा नाम कश्चिद् ब्रूयान्मा शब्दं कार्षीरिति स्वयमेव शब्दं कुर्यात्तेन च शब्देन तस्य शब्दस्य व्यावर्तनं क्रियेत, एवमेव शून्याः सर्वभावा इति शून्येन वचनेन सर्वभावस्वभावस्य व्यावर्तनं क्रियत इति।

अत्र वयं ब्रूमः। एतदप्यनुपपन्नम्। किं कारणम्। सता ह्यत्र शब्देन भविष्यतः शब्दस्य प्रतिषेधः क्रियते। न पुनरिह भवतः सता वचनेन सर्वभावस्वभावप्रतिषेधः क्रियते। तव हि मतेन वचनमप्यसत्, सर्वभावस्वभावोऽप्यसन्। तस्मादयं मा शब्दवदिति विषमोपन्यासः।

प्रतिषेधप्रतिषेधोऽप्येवमिति मतं भवेत्तदसदेव ।।
एवं तव प्रतिज्ञा लक्षणतो दूष्यते न मम ।।४।।

स्यात्ते बुद्धिः, प्रतिषेधप्रतिषेधोऽप्यनेनैव कल्पेनानुपपन्नः, तत्र यद्भवान् सर्वभाव–स्वभावप्रतिषेधवचनं प्रतिषेधयति तदनुपपन्नमिति। अत्र वयं ब्रूमः। एतसदप्यसदेव। कस्मात्। तव हि (एतत्?) प्रतिज्ञालक्षणप्राप्तं न मम। भवान् ब्रवीति शून्याः सर्वभावा इति नाहम्। पूर्वकः पक्षो न मम। तत्र यदुक्तं प्रतिषेधप्रतिषेधोप्येवं सत्यनुपपन्न इति तन्न। किञ्चान्यत्

प्रत्यक्षेण हि तावद् यद्युपलभ्य विनिवर्तयसि भावान्।
तन्नास्ति प्रत्यक्षं भावा येनोपलभ्यन्ते ।।५।।

यदि प्रत्यक्षतः सर्वभावानुपलभ्य भवान्निवर्तयति शून्याः सर्वभावा इति तदनुपपन्नम्। कस्मात्। प्रत्यक्षमपि हि प्रमाणं सर्वभावान्तर्गतत्वाच्छून्यम्। यो भावानुपलभते सोऽपि शून्यः। तस्मात् प्रत्यक्षेण प्रमाणेन नोपलंभभावः, अनुपलब्धस्य च प्रतिषेधानुपपत्तिः। तत्र यदुक्तं शून्याः सर्वभावा इति तदनुपपन्नम्। स्यात्ते बुद्धिः, अनुमानेनागमेनोपमानेन वा सर्वभावानुपलभ्य सर्वभावव्यावर्तनं क्रियत इति, अत्र ब्रूमः।

अनुमानं प्रत्युक्तं प्रत्यक्षेणागमोपमाने च ।।
अनुमानागमसाध्या येऽर्था दृष्टान्तसाध्याश्च ।।६।।

अनुमानोपमानागमाश्च प्रत्यक्षेण प्रमाणेन प्रत्युक्ताः। यथा हि प्रत्यक्षं प्रमाणं शून्यम्, सर्वभावानां शून्यत्वादेवमनुमानोपमानागमा अपि शून्याः, सर्वभावानां शून्यत्वात्। येऽनुमानसाध्या अर्था आगमसाध्या उपमानसाध्याश्च तेऽपि शून्याः। सर्वभावानां शून्यत्वात्। अनुमानोपमानागमैश्च यो भावानुपलभते सोऽपि शून्यः तस्माद्भावानामुपलम्भाभावोऽनुपलब्धानाञ्च स्वभावप्रतिषेधानुपपत्तिः। तत्र यदुक्तं शून्याः सर्वभावा इति तन्न।

किञ्चान्यत

कुशलानां धर्माणां धर्मावस्थाविदश्च मन्यन्ते।
कुशलं जनाः स्वभावं शेषेष्वप्येष विनियोगः ॥७॥

इह जना धर्मावस्थाविदो मन्यन्ते कुशलानां धर्माणामेकोनविंशशतम्। तद्यथैकदेशो विज्ञानस्य वेदनायाः संज्ञायाश्चेतनायाः स्पर्शस्य मनसिकारस्य छन्दस्याधिमोक्षस्य वीर्यस्य स्मृतेः समाधेः प्रज्ञाया उपेक्षायाः प्रयोगस्य संप्रयोगस्य प्राप्तेरध्याशयस्या-प्रतिघस्य रतेर्व्यवसायस्यौत्सुक्यस्योन्मुग्धेरुत्साहस्याविधातस्य वशितायाः प्रतिघातस्या-विप्रतिसारस्य परिग्रहस्यापरिग्रहस्य...धृतेरध्यवसायस्यानौत्सुक्यस्यानुन्मुग्धेरनुत्साहस्य प्रार्थनायाः प्रणिधेर्मदस्य विषयाणां विप्रयोगस्यानैर्याणिकताया उत्पादस्य स्थितेरनि-त्यतायाः समन्वागमस्य जरायाः परितापस्यारतेर्वितर्कस्य प्रीतेः प्रसादस्य..प्रेम्णः प्रतिकूलस्य प्रदक्षिणग्राहस्य वैशारद्यस्य गौरवस्य चित्रीकारस्य भक्तेरभक्तेः शुश्रुषाया आदरस्यानादरस्य प्रश्रब्धेर्हासस्य वाचो विस्पन्दनायाः सिद्धस्याप्रसादस्याप्रश्रब्धेः. दाक्षस्य सौरत्यस्य विप्रतिसारस्य शोकस्योपायासायासस्य...अप्रदक्षिणग्राहस्य संशयस्य संवराणां परिशुद्धेरध्यात्मसंप्रसादस्य भीरुतायाः, श्रद्धा ह्रीरार्जवमवञ्चनमुपशमोऽ-चापलमप्रमोदो मार्दवं प्रतिसंख्यानं निर्वैरपरिदाहावमदोऽलोभोऽदोषोऽमोहः सर्वज्ञता-प्रतिनिःसर्गो विभवोऽपत्राप्यमपरिच्छादनं मननं कारुण्यं मैत्र्यदीनतारणा... अनुपना-होऽनीर्ष्या चेतसोऽपर्यादानंक्षान्तिर्व्यवसर्गोऽसौरत्यं परिभोगान्वयः पुण्यमसंज्ञिसमापत्ति-नैर्याणिकतासर्वज्ञतासंस्कृता धर्मा इत्येकोनविंशशतं कुशलानां धर्माणां कुशलः स्वभावः तथाऽकुशलानां धर्माणामकुशलः स्वभावः, निवृताव्याकृतानां निवृताव्याकृतः, प्रकृत-व्याकृतानां प्रकृताव्याकृतः, कामोक्तानां कामोक्तः रूपोक्तानां रूपोक्तः, आरूप्योक्ता-नामरूप्योक्तः, अनास्रवाणामनास्रवः, दुःखसमुदयनिरोधमार्गोक्तानां दुःखसमुदय-निरोधमार्गोक्तः, भावनाप्रहातव्यानां भावनाप्रहातव्यः, अप्रहातव्यानामप्रहातव्यः' यस्मादेवमनेकप्रकारो धर्मस्वभावो दृष्टस्तस्माद् यदुक्तं निःस्वभावाः सर्वभावा निःस्व। भावत्वाच्छून्या इति तन्न।

किञ्चान्यत्।

नैर्याणिकस्वभावो धर्मा नैर्याणिकाश्च ये तेषाम्।
धर्मावस्थोक्तानामेवमनैर्याणिकादीनाम् ॥८॥

इह च धर्मावस्थोक्तानां नैर्याणिकानां धर्माणां नैर्याणिकः स्वभावः, अनैर्याणिकानामनैर्याणिकः, बोध्यंगिकानां बोध्यंगिकः, अबोध्यंगिकानामबोध्यंगिकः, बोधिपक्षिकाणां बोधिपक्षिकः, अबोधिपक्षिकाणामबोधिपक्षिकः। एवमपि शेषाणाम्। तद्यस्मादेवमनेकप्रकारो धर्माणां स्वभावो दृष्टस्तस्माद् यदुक्तं निःस्वभावाः सर्वभावा निःस्वभावत्वाच्छून्या इति तन्न।

किञ्चान्यत्।

यदि च न भवेत्स्वभावो धर्माणां निःस्वभाव इत्येव।
नामापि भवेन्नैवं नाम हिं निर्वस्तुकं नास्ति।।९।।

यदि सर्वधर्माणां स्वभावो न भवेत्तत्रापि निःस्वभावो भवेत्। तत्र निःस्वभाव इत्येवं नामापि न भवेत्। कस्मात्। नाम हि निर्वस्तुकं किञ्चिदपि नास्ति। तस्मान्नामसद्भावात् स्वभावो भावानामस्ति स्वभावसद्भावाच्चाशून्याः सर्वभावा :। तस्माद् यदुक्तं निःस्वभावाःसर्वभावा निःस्वभावत्वाच्छून्या इति तन्न।

किञ्चान्यत्।

अथ विद्यते स्वभावः स च धर्माणां न विद्यते तस्मात्।।
धर्मैर्विना स्वभावः स यस्य तद्युक्तमुपदेष्टुम्।।१०।।

अथ मन्यसे मा भूदवस्तुकं नामेति कृत्वास्ति स्वभावः, स पुनर्धर्माणां न संभवति, एवं धर्मशून्यता निःस्वभावत्वाद् धर्माणां सिद्धा भविष्यति, न च निर्वस्तुकं नामेति, अत्र वयं ब्रूमः। एवं यस्येदानीं स स्वभावो धर्मविनिर्मुक्तस्यार्थस्य स युक्तमुपदेष्टुमर्थः। स च नोपदिष्टः। तस्माद् या कल्पनास्ति स्वभावो न स पुनर्धर्माणामिति सा हीना।

किञ्चान्यत्।

सत एवप्रतिषेधो नास्ति घटो गेह इत्ययं यस्मात्।।
दृष्टः प्रतिषेधोऽयं सतः स्वभावस्य ते तस्मात्।।११।।

इह च सतोऽर्थस्य प्रतिषेधः क्रियते नासतः। तद्यथा नास्ति घटो गेह इति सतो घटस्य प्रतिषेधः क्रियते नासतः। एवमेव नास्ति स्वभावो धर्माणामिति सतः स्वभावस्य प्रतिषेधः प्राप्नोति नासतः। तत्र यदुक्तं निःस्वभावाः सर्वभावा इति तन्न। प्रतिषेध-संभवादेव सर्वभावस्वभावोऽप्रतिषिद्धः।

किञ्चान्यत्।

अथ नास्ति स स्वभावः किं नु प्रतिषिध्यते त्वयानेन।
वचनेनर्ते वचनात्प्रतिषेधः सिध्यति (१) ह्यसतः॥१२॥

अथ नास्त्येव स स्वभावःअनेन वचनेन 'निःस्वभावाः सर्वभावा' इति किं भवता प्रतिषिध्यते। असतो हि वचनाद्विना सिद्धःप्रतिषेधः,तद्यथाग्नेः शैत्यस्य अपामौष्ण्यस्य।

किञ्चान्यत्।

बालानामिव मिथ्या मृगतृष्णायां यथा जलग्राहः।
एवं मिथ्याग्राहः स्यात्ते प्रतिषेधतो (२) ह्यसतः॥१३॥

स्यात्ते बुद्धिः, यथा बालानां मृगतृष्णायां मिथ्या जलमिति ग्राहो भवति, ननु निर्जला सा मृगतृष्णेति तत्र पण्डितजातीयेन पुरुषेणोच्यते तस्य ग्राहस्य विनिवर्तनार्थम्। एवं निःस्वभावेषु यः स्वभावे ग्राहः सत्त्वानां तस्य व्यावर्तनार्थं निःस्वभावाः सर्वभावा इत्युच्यते इति।

अत्र ब्रूमः।

नन्वेवं सत्यस्ति ग्राहो ग्राह्यं च तद्ग्रहीता च॥
प्रतिषेधः प्रतिषेध्यं प्रतिषेद्धा चेति षट्कम्तत्॥१४॥

यद्येवम्, अस्ति तावत्सत्त्वानां ग्राहः, अस्ति ग्राह्यम्, सन्ति च तद्ग्रहीतारः, अस्ति प्रतिषेधस्तस्यापि मिथ्याग्राहस्यास्ति प्रतिषेध्यं यदिदं मिथ्याग्राहो नाम, सन्ति च प्रति-षेद्धारो युष्मदादयोऽस्य ग्राहस्येति सिद्धं षट्कम्। तस्य षट्कस्य सिद्धत्वाद् यदुक्तं शून्याः सर्वभावा इति तन्न।

१, सिद्ध्यते (JK) २ प्रतिषेध्यतो—॥ (JK)

अथ नैवास्ति ग्राहो नैव ग्राह्यं न च ग्रहीतारः।
प्रतिषेधः प्रतिषेध्यं प्रतिषेद्धारो ननु न सन्ति ॥१५॥

अथ मा भूदेष दोष इति कृत्वा नैव ग्राहोऽस्ति नैव ग्राह्यं न च ग्रहीतार इत्येवं सति ग्राहस्य यः प्रतिषेधो निःस्वभावाः सर्वभावा इति सोऽपि नास्ति, प्रतिषेध्यमपि नास्ति, प्रतिषेद्धारोऽपि न सन्ति।

प्रतिषेधः प्रतिषेध्यं प्रतिषेद्धारश्च यद्युत न सन्ति।
सिद्धा हि सर्वभावास्तेषामेव स्वभावश्च ॥१६॥

यदि च न प्रतिषेधो न प्रतिषेध्यं न प्रतिषेद्धारः सन्त्यप्रतिषिद्धाः सर्वभावा अस्ति च सर्वभावानां स्वभावः।

किञ्चान्यत्।

हेतोश्च ते न सिद्धिर्नैःस्वाभाव्यात् कुतो हि ते हेतुः।
निर्हेतुकस्य सिद्धिर्न चोपपन्नास्य तेऽर्थस्य ॥१७॥

निःस्वभावाः सर्वभावा इत्येतस्मिन्नर्थे ते हेतोरसिद्धिः। किं कारणम्। निःस्वभावत्वाद्धि सर्वभावानां शून्यत्वात्ततो हेतुः कुतः। असति हेतौ निर्हेतुकस्यार्थस्य शून्याः सर्वभावा इति कुत एव प्रसिद्धिः। तत्र यदुक्तं शून्याः सर्वभावा इति तन्न।

किञ्चान्यत्।

यदि चाहेतोः सिद्धिः स्वभावविनिवर्तनस्य ते भवति ॥
स्वाभाव्यस्यास्तित्वं ममापि निर्हेतुकं सिद्धम् ॥१८॥

अथ मन्यसे निर्हेतुकी(का) सिद्धिर्निःस्वभाववत्वस्य भावानामिति यथा तव स्वभावविनिवर्तनं निर्हेतुकं सिद्धं तथा ममापि स्वभावसद्भावो निर्हेतुकः सिद्धः।

अथ हेतोरस्तित्वं भावास्वाभाव्यम् इत्यनुपपन्नम् ॥
लोकेषु निःस्वभावो न हि कश्चन विद्यते भावः ॥१९॥

यदि हेतोरस्तित्वं मन्यसे निःस्वभावाः सर्वभावा इति, तदनुपपन्नम्। किं कारणम्। न हि लोके निःस्वभावः कश्चिद्भावोऽस्ति।

किञ्चान्यत्।

पूर्वं चेत्प्रतिषेधः पश्चात्प्रतिषेध्यमित्यनुपपन्नम् ॥
पश्चाच्चानुपपन्नो युगपच्च यतः स्वभावः सन् ॥२०॥

इह पूर्वं चेत्प्रतिषेधः पश्चाच्च प्रतिषेध्यमिति नोपपन्नम्। असति हि प्रतिषेध्ये कस्य प्रतिषेधः। अथ पश्चात्प्रतिषेधः पूर्वं प्रतिषेध्यमिति च नोपपन्नम्। सिद्धे हि प्रतिषेध्ये किं प्रतिषेधः करोति। अथ युगपत् प्रतिषेधप्रतिषेध्ये इति तथापि न प्रतिषेधः प्रतिषेध्यस्यार्थस्य कारणम्, प्रतिषेध्यो न प्रतिषेधस्य च। यथा युगपदुत्पन्नयोः शशविषाणयोर्नैव दक्षिणं सव्यस्य कारणं सव्यं वा दक्षिणस्य कारणं भवतीति। तत्र यदुक्तं निःस्वभावाः सर्वभावा इति तन्न २।

अत्रोच्यते। यत्तावद्भवतोक्तं

सर्वेषां भावानां सर्वत्र न विद्यते स्वभावश्चेत्।
त्वद्वचनमस्वभावं न निवर्तयितुं स्वभावमलम् ॥इति

अत्र ब्रूमः।

हेतुप्रत्ययसामग्र्यां च पृथक् चापि मद्वचो न यदि ॥
ननु शून्यत्वं सिद्धं भावानामस्वभावत्वात् ॥२१॥

यदि मद्वचो हेतौ नास्ति महाभूतेषु संप्रयुक्तेषु विप्रयुक्तेषु वा, प्रत्ययेषु नास्त्युरःकण्ठौष्ठजिह्वादन्तमूलतालुनासिकामूर्द्धप्रभृतिषु यत्नेषु, नोभयसामग्र्यामस्ति, हेतु-

१ प्रतिपेपपेण्य इति (J K) २—cf. NS II.१–१२–१४

प्रत्ययसामग्रीविनिर्मुक्तं पृथगेव च नास्ति, तस्मान्निःस्वभावम्, न्निःस्वभावत्वाच्छून्यम्। ननु शून्यत्वं सिद्धं न्निःस्वभावत्वादस्य मदीयवचसः। यथा चैतन्मद्वचनं न्निःस्वभावत्वाच्छून्यं तथा सर्वभावा अपि न्निःस्वभावत्वाच्छून्या इति। तत्र यद्भवतोक्तं त्वदीयवचसः शून्यत्वाच्छून्यता सर्वभावानां नोपपद्यत इति तन्न।

किञ्चान्यत्।

यश्च प्रतीत्यभावो भावानां शून्यतेति सा प्रोक्ता॥
यश्च प्रतीत्यभावो भवति हि तस्यास्वभावत्वम्॥२२॥

शून्यतार्थं च भवान् भावानामनवसाय प्रवृत्त उपालम्भं वक्तुं त्वद्वचनस्य निःस्वभावत्वाद्भावानां स्वभावप्रतिषेधो नोपपद्यत इति। इह हि यः प्रतीत्यभावो भावानां सा शून्यता। कस्मात्। न्निःस्वभावत्वात्। ये हि प्रतीत्यसमुत्पन्ना भावास्ते न सस्वभावा भवन्ति स्वभावाभावात्। कस्मात्। हेतुप्रत्ययसापेक्षत्वात्। यदि हि स्वभावतो भावा भवेयुः, प्रत्याख्यायापि हेतुप्रत्ययञ्च भवेयुः। न चैवं भवन्ति। तस्मान्निःस्वभावा निःस्वभावत्वाच्छून्या इत्यभिधीयन्ते। एवं मदीयमपि वचनं प्रतीत्यसमुत्पन्नत्वान्निःस्वभावं न्निःस्वभावत्वाच्छून्यमित्युपपन्नम्। यथा च प्रतीत्यसमुत्पन्नत्वात् स्वभावशून्या अपि रथपटघटादयः स्वेषु स्वेषु कार्येषु काष्ठतृणमृत्तिकाहरण मधूदकपयसां धारणे शीतवातातपपरित्राणप्रभृतिषु वर्तन्ते, एवमिदं मदीयवचन प्रतीत्यसमुत्पन्नत्वान्निःस्वभावमपि न्निःस्वभावत्वप्रसाधने भावानां वर्तते। तत्र यदुक्तं निःस्वभावत्वात् त्वदीयवचनस्य शून्यत्वं, शून्यत्वात्तस्य च तेन सर्वभावस्वभावप्रतिषेधो नेपपन्न इति तन्न।

किञ्चान्यत्।

निर्मितको निर्मितकं मायापुरुषः स्वमायया सृष्टम्॥
प्रतिषेधयेत यद्वत् प्रतिषेधोऽयं तथैव स्यात्॥२३॥

यथा निर्मितकः पुरुषोऽन्यं निर्मितकं पुरुषं कस्मिंश्चिदर्थे वर्तमानं प्रतिषेधयेत् मायाकारेण वा सृष्टो मायापुरुषोऽन्यं मायापुरुषं स्वमायया सृष्टं कस्मिंश्चिदर्थे वर्तमानं

प्रतिषेधयेत्, तत्र यो निर्मितकः पुरुषः प्रतिषिध्यते सोऽपि शून्यः। यः प्रतिषेधयति सोऽपि शून्यः। यो मायापुरुषः प्रतिषिध्यते सोऽपि शून्यः। यः प्रतिषेधयति सोऽपि शून्यः। एवमेव मद्वचनेन शून्येनापि सर्वभावानां स्वभावप्रतिषेध उपपन्नः। तत्र यद्भवतोक्तं शून्यत्वात्त्वद्वचनस्य सर्वभावस्वभावप्रतिषेधो नोपपन्न इति तन्न। तत्र यो भवता षट्कोटिको वाद उक्तः सोऽपि तेनैव प्रतिषिद्धः। नैव ह्येवं सति न सर्वभावान्तर्गतं मद्वचनं, नास्त्यशून्यम्, नापि सर्वभावा अशून्याः।

यत्पुनर्भवतोक्तम्

अथ सस्वभावमेतद्वाक्यं पूर्वा हता प्रतिज्ञा ते।
वैषमिकत्वं तस्मिन् विशेषहेतुश्च वक्तव्यः ।।इति

अत्रापि ब्रूमः।

न स्वाभाविकमेतद्वाक्यं तस्मान्न वादहानिर्मे।
नास्ति च वैषमिकत्वं विशेषहेतुश्च न निगाद्यः ।।२४।।

न तावन्ममैतद्वचनं प्रतीत्यसमुत्पन्नत्वात् स्वभावोपपन्नम्। यथा पूर्वमुक्तं स्वभावानुपपन्नत्वाच्छून्यमिति। यस्माच्चेदमपि मद्वचनं शून्यं शेषा अपि सर्वभावाः शून्याः तस्मान्नास्ति वैषमिकत्वम्। यदि हि वयं ब्रूम इदं वचनमशून्यं शेषाः सर्वभावाः शून्या इति ततो वैषमिकत्वं स्यात्। न चैतदेवम्। तस्मान्न वैषमिकत्वम्। यस्माच्च वैषमिकत्वं न संभवतीदं वचनमशून्यं शेषाः पुनः सर्वभावाः शून्या इति, तस्मादस्माभिर्विशेषहेतुर्न वक्तव्योऽनेन हेतुनेदं वचनमशून्यं सर्वभावाः पुनः शून्या इति। तत्र यद्भवतोक्तं वादहानिस्ते वैषमिकत्वं च विशेषहेतुश्च त्वया वक्तव्य इति तन्न।

यत्पुनर्भवतोक्तम्

मा शब्दवदित्येतत्स्यात्ते बुद्धिर्न चैतदुपपन्नम्।
शब्देन ह्यत्र सता भविष्यतो वारणं तस्य ।। इति

अत्र ब्रूमः।

मा शब्दवदिति नायं दृष्टान्तो यस्त्वया समारब्धः ।।
शब्देन तच्च शब्दस्य वारणं नैवमेवैतत् ।।२५।।

नाप्ययमस्माकं दृष्टान्तः । यथा कश्चिन् मा शब्दं कार्षीरिति ब्रुवन् शब्दमेव करोति शब्दं च प्रतिषेधयति, तद्वत् तच्छून्यं वचनं न शून्यतां प्रतिषेधयति । किं कारणम् । अत्र हि दृष्टान्ते शब्देन शब्दस्य व्यावर्तनं क्रियते । न चैतदेवम् । वयं ब्रूमो निःस्वभावाः सर्वभावा निःस्वभावत्वाच्छून्या इति । किं कारणम् ।

नैःस्वाभाव्यानां चेन्नैःस्वाभाव्येन वारणं यदि हि ।
नैःस्वाभाव्यनिवृत्तौ स्वाभाव्यं हि प्रसिद्धं स्यात् ।।२६।।

यथा मा शब्दं कार्षीरिति शब्देन शब्दस्य व्यावर्तनं क्रियते, एवं यदि नैःस्वाभाव्येन वचनेन नैःस्वाभाव्यानां भावानां व्यावर्तनं क्रियते ततोऽयं दृष्टान्त उपपन्नः स्यात् । इह तु नैःस्वाभाव्येन वचनेन भावानां स्वभावप्रतिषेधः क्रियते । यदि नैःस्वाभाव्येन वचनेन भावानां नैःस्वाभाव्यप्रतिषेधः क्रियते नैःस्वाभाव्यप्रतिषिद्धत्वादेव भावाः सस्वभावा भवेयुः । सस्वभावत्वादशून्याः स्युः । शून्यतां च वयं भावानामाचक्ष्महे नाशून्यतामित्यदृष्टान्त एवायमिति ।

अथवा निर्मितकायां यथा स्त्रियां स्त्रीयमित्यसद्ग्राहम् ।।
निर्मितकः प्रतिहन्यात् कस्यचिदेवं भवेदेतत् ।।२७।।

अथवा यथा कस्यचित्पुरुषस्य निर्मितकायां स्त्रियां स्वभावशून्यायां परमार्थतः स्त्रीयमित्यसद्ग्राहः स्यात्, एवं तस्यां तेनासद्ग्राहेन स रागमुत्पादयेत् । तथागतेनः वा तथागतश्रावकेण वा निर्मितको निर्मितकः स्यात् । तथागताधिष्ठानेन वा तथागत-श्रावकाधिष्ठानेन वा स तस्य तमसद्ग्राहं विनिवर्तयेत् । एवमेव निर्मितकोपमेन शून्येन मद्वचनेन निर्मितकस्त्रीसदृशेषु सर्वभावेषु निःस्वभावेषु योऽयं स्वभावग्राहः स निवर्त्यते । तस्मादयमत्र दृष्टान्तः शून्यताप्रसाधनं प्रत्युपपद्यमानो नेतरः ।

अथवा साध्यसमोऽयं हेतुर्न हि विद्यते ध्वनेः सत्ता ।।
संव्यवहारं च वयं नानभ्युपगम्य कथयामः ।।२८।।

मा शब्दवदिति साध्यसम एवायं हेतुः। कस्मात्। सर्वभावानां नैःस्वाभाव्येनाविशिष्टत्वात्। न हि तस्य ध्वनेः प्रतीत्यसमुत्पन्नत्वात् स्वभावसत्ता विद्यते। तस्याः स्वभावसत्ताया अविद्यमानत्वाद्यदुक्तं शब्देन ह्यत्र सता भविष्यतो वारणं तस्येति तद्व्याहन्यते।

अपि च न वयं व्यवहारसत्यमनभ्युपगम्य व्यवहारसत्यं प्रत्याख्याय कथयामः शून्याः सर्वभावा इति। न हि व्यवहारसत्यमनागम्य शक्या धर्मदेशना कर्तुम्। यथोक्तं-

व्यवहारमनाश्रित्य परमार्थो न देश्यते।
परमार्थमनागम्य निर्वाणं नाधिगम्यत ।। इति

तस्मान्मद्वचनवच्छून्याः सर्वभावाः सर्वभावानां च निःस्वभावत्वमुभयथोपपद्यमानमिति।

यत्पुर्नभवतोक्तम्

प्रतिषेधप्रतिषेधोऽप्येवमिति मतं भवेत् तदसदेव।
एवं तव प्रतिज्ञा लक्षणतो दूष्यते न मम ।। इति

अत्र ब्रूमः।

यदि काचन प्रतिज्ञा स्यान्मे तत एष मे भवेद्दोषः।
नास्ति च मम प्रतिज्ञा तस्मान्नैवास्ति मे दोषः ।।२९।।

यदि च काचन मम प्रतिज्ञा स्यात् ततो मम प्रतिज्ञालक्षणप्राप्तत्वात्पूर्वको दोषो यथा त्वयोक्तस्तथा मम स्यात्। न मम काचिदस्ति प्रतिज्ञा। तस्मात् सर्वभावेषु शून्येष्वत्यन्तोपशान्तेषु प्रकृतिविविक्तेषु कुतः प्रतिज्ञा। कुतः प्रतिज्ञालक्षणप्राप्तिः। कुतः प्रतिज्ञालक्षणप्राप्तिकृतो दोषः।

तत्र यद्भवतोक्तं तव प्रतिज्ञालक्षणप्राप्तत्वात्तवैव दोष इति तन्न।

यत्पुर्नभवतोक्तम

प्रत्यक्षेण हि तावद्यद्युपलभ्य विनिवर्तयसि भावान्।
तन्नास्ति प्रत्यक्षं भावा येनोपलभ्यन्ते ।।

अनुमानं प्रत्युक्तं प्रत्यक्षेणागमोपमाने च।
अनुमानागमसाध्या येऽर्था दृष्टान्तसाध्याश्च ।। इति

अत्र वयं ब्रूमः।

यदि किञ्चिदुपलभेय प्रवर्तयेयं निवर्तयेयं वा।
प्रत्यक्षादिभिरर्थैस्तदभावान्मेऽनुपालम्भः ।।३०।।

यद्यहं किञ्चिदर्थमुपलभेय प्रत्यक्षानुमानोपमानागमैश्चतुर्भिः प्रमाणैश्चतुर्णां वा प्रमाणानामन्यतमेन, अत एव प्रवर्तयेयं वा निवर्तयेयं वा। यतोऽर्थमेवाहं कञ्चिन्नोपलभे तस्मान्न प्रवर्तयामि न निवर्तयामि।

तत्रैवं सति यो भवतोपालम्भ उक्तो यदि प्रत्यक्षादीनां प्रमाणानामन्यतमेनोपलभ्य भावान्विनिवर्तयसि ननु तानि प्रमाणानि न सन्ति, तैश्च प्रमाणैरपि गम्या अर्था न सन्तीति स मे भवत्येवानुपालम्भः।

किञ्चान्यत्।

यदि च प्रमाणतस्ते तेषां तेषां प्रसिद्धिरर्थानाम्।
तेषां पुनः प्रसिद्धिं ब्रूहि कथं ते प्रमाणानाम् ।।३१।।

यदि च प्रमाणतस्तेषां तेषामर्थानां प्रमेयाणां प्रसिद्धिं मन्यसे यथा मानैर्मेयानाम्, तेषामिदानीं प्रत्यक्षानुमानोपमानागमानां चतुर्णां प्रमाणानां कुतः प्रसिद्धिः। यदि तावन्निष्प्रमाणानां प्रमाणानां स्यात्प्रसिद्धिः, प्रमाणतोऽर्थानां प्रसिद्धिरिति हीयते प्रतिज्ञा। तथापि।

अन्यैर्यदि प्रमाणैः प्रमाणसिद्धिर्भवेत्तदनवस्था।

यदि पुनर्मन्यसे प्रमाणैः प्रमेयाणां प्रसिद्धिस्तेषां प्रमाणानामन्यैः प्रमाणैः प्रसिद्धिरेवमनवस्थाप्रसंगः। अनवस्थाप्रसङ्गे को दोषः।

नादेः सिद्धिस्तत्रास्ति नैव मध्यस्य नान्त्यस्य ।।३२।।

अनवस्थाप्रसङ्ग आदेः सिद्धिर्नास्ति। किं कारणम्। तेषामपि हि प्रमाणानामन्यैः प्रमाणैः प्रसिद्धिस्तेषामन्यैरिति नास्त्यादिः। आदेरसद्भावात् कुतो मध्यं कुतोऽन्तः। तस्मात्तेषां प्रमाणानामन्यैः प्रमाणैः प्रसिद्धिरिति यदुक्तं तन्नोपपद्यत इति।

तेषामथ प्रमाणैर्विना प्रसिद्धिर्विहीयते वादः ।।
वैषमिकत्वं तस्मिन् विशेषहेतुश्च वक्तव्यः ।।३३।।

अथ मन्यसे तेषां प्रमाणानां विना प्रमाणैः प्रसिद्धिः, प्रमेयाणां पुनरर्थानां प्रमाणैः प्रसिद्धिरिति, एवं सति यस्ते वादः प्रमाणैः प्रसिद्धिरर्थानाम् इति स हीयते। वैषमिकत्वं च भवति केषांचिदर्थानां प्रमाणैः प्रसिद्धिः केषाञ्चिन्नेति। विशेषहेतुश्च वक्तव्यो येन हेतुना केषांचिदर्थानां प्रमाणैः प्रसिद्धिः केषांचिन्नेति। स च नोपदिष्टः। तस्मादियमपि कल्पना नोपपन्नेति।

अत्राह। प्रमाणान्येव स्वात्मानं परात्मानञ्च प्रसाधयन्ति। यथोक्तं

द्योतयति स्वात्मानं यथा हुताशस्तथा परात्मानम्।
स्वपरात्मानावेवं प्रसाधयन्ति प्रमाणानि ।। इति

यथाग्निः स्वात्मानं परात्मानञ्च प्रकाशयति तथैव प्रमाणानि प्रसाधयन्ति स्वात्मानं परात्मानञ्चेति।

अत्रोच्यते

विषमोपन्यासोऽयं न ह्यात्मानं प्रकाशयत्यग्निः ।।
न हि तस्यानुपलब्धिर्दृष्टा तमसीव कुम्भस्य ।।३४।।

विषम एवोपन्यासोऽग्निवत् प्रमाणानि स्वात्मानञ्च प्रसाधयन्ति परात्मानञ्च प्रसाधयन्तीति। न ह्यग्निरात्मानं प्रकाशयति। यथा प्रागेवाग्निनाऽप्रकाशितस्तमसि कुम्भो नोपलभ्यतेऽथोत्तरकालमुपलभ्यतेऽग्निना प्रकाशितः सन्, एवमेव यद्यप्रकाशि-

प्रागग्निस्तमसि स्यादुत्तरकालमग्नेः प्रकाशनं स्यात्, अतः स्वात्मानं प्रकाशयेत्। न चैतदेवम्। तस्मादियमपि कल्पना नोपपद्यत इति।

किञ्चान्यत्।

यदि च स्वात्मानमयं त्वद्वचनेन प्रकाशयत्यग्निः।
परमिव नन्वात्मानं परिधक्ष्यत्यपि हुताशः ॥३५॥

यदि च त्वद्वचनेन यथा परात्मानं प्रकाशयत्यग्निरेवमेव स्वात्मानमपि प्रकाशयति, ननु यथा परात्मानं दहत्येवमेव स्वात्मानमपि धक्ष्यति। न चैतदेवम्। तत्र यदुक्तं परात्मानमिव स्वात्मानमपि प्रकाशयत्यग्निरिति तन्न।

यदि च स्वपरात्मानौ त्वद्वचनेन प्रकाशयत्यग्निः॥
प्रच्छादयिष्यति तमः स्वपरात्मानौ हुताश इव ॥३६॥

यदि च भवतो मतेन स्वपरात्मानौ प्रकाशयत्यग्निः, नन्विदानीं तत्प्रतिपक्षभूतं तमोऽपि स्वपरात्मानौ छादयेत्। न चैतद् दृष्टम्। तत्र यदुक्तं स्वपरात्मानौ प्रकाशयत्यग्निरिति तन्न।

किञ्चान्यत्।

नास्ति तमश्च ज्वलने यत्र च तिष्ठति परात्मनि ज्वलनः॥
कुरुते कथं प्रकाशं स हि प्रकाशोऽन्धकारवधः ॥३७॥

इह चाग्नौ नास्ति तमो नापि च यत्राग्निस्तत्रास्ति तमः। प्रकाशश्च नाम तमसः प्रतिघातः। यस्माच्चाग्नौ नास्ति तमो नापि च यत्राग्निस्तत्रास्ति तमः, तत्र कस्य तमसः प्रतिघातमग्निः करोति यस्य प्रतिघातादग्निः स्वपरात्मानौ प्रकाशयतीति।

अत्राह। ननु यस्मादेवं नाग्नौ तमोऽस्ति नापि यत्राग्निस्तत्र तमोऽस्ति, तस्मादेव स्वपरात्मानौ न प्रकाशयत्यग्निः, कुतः। तेन ह्युत्पद्यमानेनैवाग्निना तमसः प्रतिघातः। तस्मान्नाग्नौ तमोऽस्ति नापि यत्राग्निस्तत्र तमोऽस्ति यस्मादुत्पद्यमान एवोभयं प्रकाशयत्यग्निः स्वात्मानं परात्मानंचेति। अत्रोच्यते।

उत्पद्यमान एव प्रकाशयत्यग्निरित्यसद्वादः ।।
उत्पद्यमान एव प्राप्नोति तमो न हि हुताशः ।।३८।।

अयमग्निरुत्पद्यमान एव प्रकाशयति स्वात्मानं परात्मानं चेति नायमुपपद्यते वादः। कस्मात्। नह्युत्पद्यमान एवाग्निस्तमः प्राप्नोति, अप्राप्तत्वान्नैवोपहन्ति तमसश्चानुपघातान्नास्ति प्रकाशः।

किञ्चान्यत्।

अप्राप्तोऽपि ज्वलनो यदि वा पुनरन्धकारमुपहन्यात् ।।
सर्वेषु लोकधातुषु तमोऽयमिह संस्थितो हन्यात् ।।३९।।

अथापि मन्यसेऽप्राप्तोप्यग्निरन्धकारमुपहन्तीति नन्विदानीमिह संस्थितोऽग्निः सर्वलोकधातुस्थमुपहनिष्यति तमस्तुल्यायामप्राप्तौ। न चैतदेवं दृष्टम्। तस्मादप्राप्यैवाग्निरन्धकारमुपहन्तीति यदिष्टं तन्न।

किञ्चान्यत्।

यदि स्वतश्च प्रमाणसिद्धिरनपेक्ष्य तव प्रमेयाणि ।।
भवति प्रमाणसिद्धिर्न परापेक्षा स्वतः सिद्धिः ।।४०।।

यदि चाग्निवत् स्वतः प्रमाणसिद्धिरिति मन्यसे, अनपेक्ष्यापि प्रमेयानर्थान् प्रमाणानां प्रसिद्धिर्भविष्यति। किं कारणम्। न हि स्वतः सिद्धिः परमपेक्षते। अथापेक्षते न स्वतः सिद्धिः। अत्राह यदि नापेक्षन्ते प्रमेयानर्थान् प्रमाणानि को दोषो भविष्यतीति।

अत्रोच्यते।

अनपेक्ष्य हि प्रमेयानर्थान् यदि ते प्रमाणसिद्धिरिति ।।
न भवन्ति कस्यचिदेवमिमानि तानि प्रमाणानि ।।४१।।

यदि प्रमेयानर्थाननपेक्ष्य प्रसिद्धिर्भवति प्रमाणानामित्येवं तानीमानि प्रमाणानि न कस्यचित् प्रमाणानि भवन्ति। एवं दोषः। अथ कस्यचिद्भवन्ति प्रमाणानि नैवेदानीमनपेक्ष्य प्रमेयानर्थान् प्रमाणानि भवन्ति।

अथ मतमपेक्ष्य सिद्धिस्तेषामित्यत्र भवति को दोषः ।
सिद्धस्य साधनं स्यान्नासिद्धोऽपेक्षते ह्यन्यत् ।।४२।।

अथापि मतमपेक्ष्य प्रमेयानर्थान् प्रमाणानां सिद्धिर्भवतीति, एवं सिद्धस्य प्रमाण-चतुष्टयस्य साधनं भवति। किं कारणम्। न ह्यसिद्धस्यार्थस्यापेक्षणं भवति। न ह्यसिद्धो देवदत्तः कंचिदर्थमपेक्षते। न च सिद्धस्य साधनमिष्टं कृतस्य कारणानुपपत्तेरिति।

किञ्चान्यत्।

सिध्यन्ति हि प्रमेयाण्यपेक्ष्य यदि सर्वथा प्रमाणानि ।।
भवति प्रमेयसिद्धिर्नापेक्ष्यैव प्रमाणानि ।।४३।।

यदि प्रमेयाण्यपेक्ष्य प्रमाणानि सिध्यन्ति नेदानीं प्रमाणान्यपेक्ष्य प्रमेयाणि सिध्यन्ति किं कारण म्। न हि साध्यं साधनं साधयति साधनानि च किल प्रमेयाणां प्रमाणानि। किञ्चान्यत्।

यदि च प्रमेयसिद्धिर्नापेक्ष्यैव भवति प्रमाणानि।
किं ते प्रमाणसिद्ध्या तानि यदर्थं प्रसिद्धं तत् ।।४४।।

यदि च मन्यसेऽनपेक्ष्यैव प्रमाणानि प्रमेयाणां प्रसिद्धिर्भवतीति किमिदानीं ते प्रमाण सिद्ध्या पर्यन्विष्टया। किं कारणम्। यदर्थं हि तानि प्रमाणानि पर्यन्विष्येरन् ते प्रमेया अर्था विनापि प्रमाणैः सिद्धाः। तत्र किं प्रगाणैः कृत्यम्।

अथ तु प्रमाणसिद्धिर्भवत्यपेक्ष्यैव ते प्रमेयाणि।
व्यत्यय एवं सति ते ध्रुवं प्रमाणप्रमेयाणाम् ।।४५।।

अथापि मन्यसेऽपेक्ष्यैव प्रमेयानर्थान् प्रमाणानि भवन्तीति मा भूत्पूर्वोक्तदोष इति कृत्वा, एवं ते सति व्यत्ययः प्रमाणप्रमेयाणां भवति। प्रमाणानि ते प्रमेयाणि भवन्ति प्रमेयैः साधितत्वात्। प्रमेयाणि च प्रमाणानि भवन्ति प्रमाणानां साधकत्वात्।

अथ ते प्रमाणसिद्ध्या प्रमेयसिद्धिः प्रमेयसिद्ध्या च ।।
भवति प्रमाणसिद्धिर्नास्त्युभयस्यापि ते सिद्धिः ।।४६।।

अथ मन्यसे प्रमाणसिद्ध्या प्रमेयसिद्धिर्भवति प्रमाणापेक्षत्वात् प्रमेयसिद्ध्या च प्रमाणसिद्धिर्भवति प्रमेयापेक्षत्वादिति, एवं ते सत्युभयस्यापि सिद्धिर्न भवति। किं कारणम्।

सिध्यन्ति हि प्रमाणैर्यदि प्रमेयाणि तानि तैरेव ।।
साध्यानि च प्रमेयैस्तानिथं साधयिष्यन्ति ।४७।।

यदि हि प्रमाणैः प्रमेयाणि सिध्यन्ति तानि च प्रमाणानि तैरेव प्रमेयैः साधयितव्यानि नन्वसिद्धेषु प्रमेयेषु कारणस्यासिद्धत्वादसिद्धानि कथं साधयिष्यन्ति प्रमेयाणि।

सिध्यन्ति च प्रमेयैर्यदि प्रमाणानि तानि तैरेव ।।
साध्यानि च प्रमाणैस्तानि कथं साधयिष्यन्ति ।।४८।।

यदि च प्रमेयैः प्रमाणानि सिध्यन्ति तानि च प्रमेयाणि तैरेव प्रमाणैः साधयितव्यानि नन्वसिद्धेषु प्रमाणेषु कारणस्यासिद्धत्वादसिद्धानि कथं साधयिष्यन्ति प्रमाणानि।

पित्रा यद्युत्पाद्यः पुत्रो यदि तेन चैव पुत्रेण ।।
उत्पाद्यः स यदि पिता वद तत्रोत्पादयति कः कम् ।।४९।।

यथापि नाम कश्चिद् ब्रूयात्पित्रा पुत्र उत्पादनीयः सच पिता तेनैव पुत्रेणोत्पादनीय इति, तत्रेदानीं ब्रूहि केन क उत्पादयितव्य इति। तथैव खलु भवान् ब्रवीति प्रमाणैः प्रमेयाणि साधयितव्यानि तान्येव च पुनः प्रमाणानि तैरेव प्रमेयैरिति, तत्रेदानीं ते कतमैः कतमानि साधयितव्यानि।

कश्च पिता कः पुत्रस्तत्र त्वं ब्रूहि तावुभावपिच।
पितापुत्रलक्षणधरौ यतो भवति नोऽत्रसंदेहः ।।५०।।

तयोश्च पूर्वोपदिष्टयोः पितापुत्रयोः कतरः पुत्रः कतरः पिता। उभावपि तावुत्पादकत्वात् पितृलक्षणधरावुत्पाद्यत्वाच्च पुत्रलक्षणधरौ। अत्र नः संदेहो भवति कतरस्तत्र पिता कतरः पुत्र इति। एवमेव यान्येतानि भवतःप्रमाणप्रमेयाणि तत्र कतराणि

२ -पितृ 'jK'

प्रमाणानि कतराणि प्रमेयाणि। उभयान्यपि ह्येतानि साधकत्वात् प्रमाणानि साध्यत्वात् प्रमेयाणि। अत्र नः संदेहो भवति कतराण्यंत्र प्रमाणानि कतराणि प्रमेयाणीति।

नैव स्वतः प्रसिद्धिर्न परस्परतः परप्रमाणैर्वा ।।
न भवति न च प्रमेयैर्न चाप्यकस्मात् प्रमाणानाम् ।।५१।।

न स्वतः प्रसिद्धिः प्रत्यक्षस्य तेनैव प्रत्यक्षेण, अनुमानस्य तेनैवानुमानेन, उपमानस्य तेनैवोपमानेन, आगमस्य तेनैवागमेन। नापि परस्परतः प्रत्यक्षस्यानुमानोपमानागमैः अनुमानस्य प्रत्यक्षोपमानागमैः, उपमानस्य प्रत्यक्षानुमानागमैः, आगमस्य प्रत्यक्षानुमानोपमानैः नापि प्रत्यक्षानुमानोपमानागमानामन्यैः प्रत्यक्षानुमानोपमागमैर्यथास्वम्।

नापि प्रमेयैः समस्तव्यस्तैः स्वविषयपरविषयसंगृहीतैः। नाप्यकस्मात्। नापि समुच्चयेनैतेषां कारणानां पूर्वोद्दिष्टानां विंशत्रिशच्चत्वारिंशत्षट्विंशते(?)र्वा। तत्र यदुक्तं प्रमाणाधिगम्यत्वात् प्रमेयाणां भावानां सन्ति च ते प्रमेया भावास्तानि च प्रमाणानि यैस्ते प्रमाणैः प्रमेयाभावाः समधिगता इति तन्न। यत्पुनर्भवतोक्तम्।

कुशलानां धर्माणां धर्मावस्थाविदश्च मन्यन्ते ।।
कुशलं जनाः स्वभावं शेषेष्वप्येष विनियोग ।। इति

अत्र ब्रूमः।

कुशलानां धर्माणां धर्मावस्थाविदो ब्रुवन्ति यदि ।।
कुशलं स्वभावमेवं प्रविभागेनाभिधेयः स्यात् ।।५२।।

कुशलानां धर्माणां धर्मावस्थाविदः कुशलं स्वभावं मन्यन्ते। स च भवता प्रविभागेनोपदेष्टव्यः स्यात्। अयं स कुशलः स्वभावः। इमे ते कुशला धर्माः। इदं तत्कुशलं विज्ञानम्। अयं स कुशलविज्ञानस्वभावः। एवं सर्वेषाम्। न चैतदेवं दृष्टम्। तस्माद्यदुक्तं यथास्वमुपदिष्टः स्वभावो धर्माणामिति तन्न।

किञ्चान्यत्।

यदि च प्रतीत्य कुशलः स्वभाव उत्पद्यते स कुशलानाम् ।।
धर्माणां परभावः स्वभाव एवं कथं भवति ।।५३।।

यदि च कुशलानां धर्माणां स्वभावो हेतुप्रत्ययसामग्रीं प्रतीत्योत्पद्यते स परभावादुत्पन्नः कुशलानां धर्माणां कथं स्वभावो भवति। एवमेवाकुशलप्रभृतीनाम्। तत्र यदुक्त कुशलानाम् धर्माणां कुशलः स्वभावोऽप्युपदिष्टः, एवमकुशलादीनां चाकुशलादिरिति तन्न।

किञ्चान्यत्।

अथ न प्रतीत्य किञ्चित् स्वभाव उत्पद्यते स कुशलानाम्॥
धर्माणामेवं स्याद्वासो न ब्रह्मचर्यस्य॥५४॥

अथ मन्यसे न किञ्चित्प्रतीत्य कुशलानां धर्माणां कुशलः स्वभाव उत्पद्यते, एवमकुशलानां धर्माणामकुशलः, अव्याकृतानामव्याकृत इति, एवम् सत्यब्रह्मचर्यवासो भवति। किं कारणम्। प्रतीत्यसमुत्पादस्य ह्येवं सति प्रत्याख्यानं भवति। प्रतीत्यसमुत्पादस्य प्रत्याख्यानात् प्रतीत्यसमुत्पाददर्शनप्रत्याख्यानं भवति। न ह्यविद्यमानस्य प्रतीत्यसमुत्पादस्य दर्शनमुपपद्यमानं भवति। असति प्रतीत्यसमुत्पाददर्शने धर्मदर्शनं न भवति। उक्तं हि भगवता यो हि भिक्षवः प्रतीत्यसमुत्पादं पश्यति स धर्मं पश्यतीति। धर्मदर्शनाभावाद् ब्रह्मचर्यवासाभावः।

अथवा प्रतीत्यसमुत्पादप्रत्याख्यानाद् दुःखसमुदयप्रत्याख्यानं भवति। प्रतीत्यसमुत्पादो हि दुःखस्य समुदयः। दुःखसमुदयस्य प्रत्याख्यानाद् दुःखप्रत्याख्यानं भवति। असति हि समुदये तत्कुतो दुःखं समुदेष्यति। दुःखप्रत्याख्यानात् समुदयप्रत्याख्यानाच्च दुःखनिरोधस्य प्रत्याख्यानं भवति। असति हि दुःखसमुदये कस्य प्रहाणान्निरोधो भविष्यति। (दुःखनिरोधप्रत्याख्यानान्मार्गस्य प्रत्याख्यानं भवति)। असति हि दुःखनिरोधे कस्य प्राप्तये मार्गो भविष्यति दुःखनिरोधगामी। एवं चतुर्णामार्यसत्यानामभावः। तेषामभावाच्छ्रामण्यफलाभावः। सत्यदर्शनाच्छ्रामण्यफलानि हि समधिगम्यन्ते। श्रामण्यफलानामभावादब्रह्मचर्यवास इति।

किञ्चान्यत्।

नाधर्मो धर्मो वा संव्यवहाराश्च लौकिका न स्युः॥
नित्याश्च सस्वभावाः स्युर्नित्यत्वादहेतुमतः॥५५॥

एवं सति प्रतीत्य समुत्पादं प्रत्याचक्षाणस्य भवतः को दोषः प्रसज्यते। धर्मो न भवति। अधर्मो न भवति। संव्यवहाराश्च लौकिका न भवन्ति। किं कारणम्। प्रतीत्यसमुत्पन्नं ह्येतत्सर्वमसति प्रतीत्यसमुत्पादे कुतो भविष्यति। अपि च सस्वभावोऽप्रतीत्यसमुत्पन्नो निर्हेतुको नित्यः स्यात्। किं कारणम्। निर्हेतुका हि भावा नित्याः। स एव चाब्रह्मचर्यवासः प्रसज्येत। स्वसिद्धान्तविरोधश्च। किं कारणम्। अनित्या हि भगवता सर्वसंस्कारा निर्दिष्टाः। ते सस्वभावनित्यत्वान्नित्या हि भवन्ति।

एवमकुशलेष्वव्याकृतेषु नैर्याणिकादिषु च दोषः।।
तस्मात्सर्वं संस्कृतमसंस्कृतं ते भवत्येव।।५६।।

यश्चैष कुशलेषु धर्मेषु निर्दिष्टः कल्पः स एवाकुशलेषु, स एवाव्याकृतेषु, स एव नैर्याणिकप्रभृतिषु। तस्मात्ते सर्वमिदं संस्कृतमसंस्कृतं संपद्यते। किं कारणम्। हेतौ ह्यसत्युत्पादस्थितिभंगा न भवन्ति। उत्पादस्थितिभंगेष्वसत्सु संस्कृतलक्षणाभावात् सर्वं संस्कृतमसंस्कृतं संपद्यते। तत्र यदुक्तं कुशलादीनां भावानां स्वभावसद्भावादशून्याः सर्वभावा इति तन्न। यत्पुर्नभवतोक्तं

यदि च न भवेत्स्वभावो धर्माणां निःस्वभाव इत्येव।
नामापि भवेन्नैवं नाम हि निर्वस्तुकं नास्ति।।

अत्र ब्रूमः।

यः सद्भूतं नामात्र ब्रूयात्सस्वभाव इत्येवम्।
भवता प्रतिवक्तव्यो नाम ब्रूमश्च न वयं तत्।।५७।।

यो नामात्र सद्भूतं ब्रूयात्सस्वभाव इति स भवता प्रतिवक्तव्यः स्यात्। यस्य सद्भूतं नाम स्वभावस्य तस्मात्तेनापि स्वभावेन सद्भूतेन भवितव्यम्। न ह्यसद्भूतस्य स्वभावस्य सद्भूतं नाम भवतीति। न पुनर्वयं नाम सद्भूतं ब्रूमः। तदपि हि भावस्वभावस्याभावान्नाम निःस्वभाम्, तस्माच्छून्यम्, शून्यत्वादसद्भूतम्। तत्र यद्भवतोक्तं। नामसद्भावात् सद्भूतः स्वभाव इति तन्न।

किञ्चान्यत्।

नामासदिति च यदिदं तत्किं नु सतो भवत्युताप्यसतः ।।
यदि हि सतो यद्यसतो द्विधापि ते हीयते वादः ।।५८।।

यच्चैतन्नामासदिति तत्किं सतोऽसतो वा। यदि हि सतस्तन्नाम यद्यसत उभयथापि प्रतिज्ञा हीयते। तत्र यदि तावत्सतो नामासदिति प्रतिज्ञा हीयते। न हीदानीं तदसदिदानीं सत्। अथासतोऽसदिति नाम, असद्भूतस्य नाम न भवति। तस्माद्या प्रतिज्ञा नाम्नः सद्भूतः स्वभाव इति सा हीना।

किञ्चान्यात्।

सर्वेषां भावानां शून्यत्वं चोपपादितं पूर्वम्।
स उपालम्भस्तस्माद् भवत्ययं चाप्रतिज्ञायाः ।।५९।।

इह चास्माभिः पूर्वमेव सर्वेषां भावानां विस्तरतः शून्यत्वमुपपादितम्। तत्र प्राङ्नाम्नोऽपि शून्यत्वमुक्तम्। स भवानशून्यत्वं परिगृह्य परिवृत्तो वक्तुं यदि भावानां स्वभावो न स्यादस्वभाव इति नामापीदं न स्यादिति तस्मादप्रतिज्ञोपालम्भोऽयं भवतः संपद्यते। न हि वयं नाम सद्भूतमिति ब्रूमः।

यत्पुनर्भवतोक्तम्

अथ विद्यते स्वभावः स च धर्माणां न विद्यते तस्मात्।
धर्मैर्विना स्वभावः यस्य तद्युक्तमुपदेष्टुम् ।। इति

अत्र ब्रूमः

अथ विद्यते स्वभावः स च धर्माणां न विद्यत इतीदम् ।।
आशङ्कितं यदुक्तं भवत्यनाशङ्कितं तच्च ।।६०।।

न हि वयं धर्माणां स्वभावं प्रतिषेधयामो धर्मविनिर्मुक्तस्य वा कस्यचिदर्थस्य स्वभावमभ्युपगच्छामः। नन्वेवं सति य उपालम्भो भवतो यदि धर्मा निःस्वभावाः कस्य खल्विदानीमन्यस्यार्थस्य धर्मविनिर्मुक्तस्य स्वभावो भवति स युक्तमुपदेष्टुमिति दूरापकृष्टमेवैतद्भवति, उपालम्भो न भवति।

यत्पुनर्भवतोक्तं

सत एव प्रतिषेधो नास्ति घटो गेह इत्ययं यस्मात् ।

दृष्टः प्रतिषेधोऽयं सतः स्वभावस्य ते तस्मात् ।। इति

अत्र ब्रूमः ।

सत एव प्रतिषेधो यदि शून्यत्वं ननु प्रसिद्धमिदम् ।।

प्रतिषेधयते हि भवान् भावानां निःस्वभावत्वम् ।।६१।।

यदि सत एव प्रतिषेधो भवति नासतो भवांश्च सर्वभावानां निःस्वभावत्वं प्रतिषेधयति, ननु प्रसिद्धं सर्वभावानां निःस्वभावत्वम् । त्वद्वचनेन प्रतिषेधसद्भावान् निःस्वभावत्वस्य च सर्वभावानां प्रतिषिद्धत्वात् प्रसिद्धा शून्यता ।

प्रतिषेधयसेऽथ त्वं शून्यत्वं तच्च नास्ति शून्यत्वम् ।।

प्रतिषेधः सत इति ते नन्वेष विहीयते वादः ।।६२।।

अथ प्रतिषेधयसि त्वं सर्वभावानां निःस्वभावत्वं शून्यत्वं नास्ति तच्च शून्यत्वम्, या तर्हि ते प्रतिज्ञा सतः प्रतिषेधो भवति नासत इति सा हीना ।

किञ्चान्यत् ।

प्रतिषेधयामि नाहं किञ्चित् प्रतिषेध्यमस्ति न च किञ्चित् ।।

तस्मात्प्रतिषेधयसीत्यधिलय एष त्वया क्रियते ।।६३।।

यद्यहं किञ्चित्प्रतिषेधयामि ततस्तदपि त्वया युक्तमेव वक्तुं स्यात् । न चैवाहं किञ्चित् प्रतिषेधयामि, यस्मान्न किञ्चित्प्रतिषेद्धव्यमस्ति । तस्माच्छून्येषु सर्वभावेष्वविद्यमाने प्रतिषेध्ये प्रतिषेधे च प्रतिषेधयसीत्येष त्वयाप्रस्तुतोऽधिलयः क्रियत इति । यत्पुनर्भवतोक्तम् ।

अथ नास्ति स स्वभावः किं नु प्रतिषिध्यते त्वयानेन ।

वचनेनर्ते वचनात्प्रतिषेधः सिध्यति (१) ह्यसत इति ।।

अत्र ब्रूमः ।

---

१ सिद्ध्यते (JK)

यच्चाहर्ते वचनादसतः प्रतिषेधवचनासिद्धिरिति ।।
अत्र ज्ञापयते वागसदिति तन्न तच्च न प्रति निहन्ति ।।६४।।

यच्च भवान् ब्रवीति, ऋतेऽपि वचनादसतः प्रतिषेधः प्रसिद्धः, तत्र किं निःस्वभावाः सर्वभावा इत्येतत्त्वद्वचनं करोतीति, अत्र ब्रूमः। निःस्वभावाः सर्वभावा इत्येतत्खलु वचनं न निःस्वभावानेव सर्वभावान् करोति। किंतु असति स्वभावे भावा निःस्वभावा ति ज्ञापयति। तद्यथा कश्चिद् ब्रूयादविद्यमानगृहे देवदत्तेऽस्ति गृहे देवदत्त इति। तत्रैनं कश्चित्प्रतिब्रूयान् नास्तीति। न तद्वचनं देवदत्तस्यासद्भावं करोति किंतु ज्ञापयति केवलमसंभवं गृहे देवदत्तस्य। तद्वन्नास्ति स्वभावो भावानामित्येतद्वचनं न भावानां निःस्वभावत्वं करोति किंतु सर्वभावेषु स्वभावस्याभावं ज्ञापयति। तत्र यद्भवतोक्तं किमसति स्वभावे नास्ति स्वभाव इत्येतद्वचनं करोति, ऋतेऽपि वचनात् प्रसिद्धः स्वभावस्याभाव इति तन्न युक्तम्।

अन्यच्च।

बालानामिव मिथ्या मृगतृष्णायां यथा जलग्राहः।
एवं मिथ्याग्राहः स्यात्ते प्रतिषेधतो ह्यसतः।।

इत्यादयो या पुनश्चतस्रो गाथा भवतोक्ता अत्र ब्रूमः।

मृगतृष्णादृष्टान्ते यः पुनरुक्तस्त्वया महांश्चर्चः।।
तत्रापि निर्णयं श्रृणु यथा स दृष्टान्त उपपन्नः।।६५।।

य एष त्वया मृगतृष्णादृष्टान्ते महांश्चर्च उक्तस्तत्रापि यो निर्णयः स श्रूयतां यथोपपन्न एष दृष्टान्तो भवति।

यदि स्वभावतः स्याद् ग्राहो न स्यात्प्रतीत्य संभूतः।
यश्च प्रतीत्य भवति ग्राहो ननु शून्यता सैव।।६६।।

यदि मृगतृष्णायां स यथा जलग्राहः स्वभावतः स्यान्न स्यात्प्रतीत्यसमुत्पन्नः गतो मृगतृष्णाञ्च प्रतीत्य विपरीतञ्च दर्शनं प्रतीत्यायोनिशोमनस्कारञ्च प्रतीत्य स्याद्उद्भूतोऽतः प्रतीत्यसमुत्पन्नः। यतश्च प्रतीत्यसमुत्पन्नोऽतः स्वभावतः शून्य एव।

यथा पूर्वमुक्तं तथा।

किञ्चान्यत्।

यदि च स्वभावतः स्याद् ग्राहः कस्तं निवर्तयेद् ग्राहम्॥
शेषेष्वप्येष विधिस्तस्मादेषोऽनुपालम्भः॥६७॥

यदि मृगतृष्णायां जलग्राहः स्वभावतः स्यात् क एव तं विनिवर्तयेत्। न हि स्वभावः शक्यो विनिवर्तयितुं यथाग्नेरुष्णत्वमपां द्रवत्वमाकाशस्य निरावरणत्वम्। दृष्टं चास्य विनिवर्तनम्। तस्माच्छून्यस्वभावो ग्राहः। यथा चैतदेवम् शेषेष्वपि धर्मेष्वेष क्रमः प्रत्यवगन्तव्यो ग्राह्यप्रभृतिषु पञ्चसु। तत्र यद्भवतोक्तं षट्कभावादशून्याः सर्वभावा इति तन्न।

यत्पुनर्भवतोक्तं

हेतोश्च ते न सिद्धिर्नैःस्वभाव्यात्कुतो हि ते हेतुः॥
निर्हेतुकस्य सिद्धिर्न चोपपन्नास्य तेऽर्थस्येति॥

अत्र ब्रूमः।

एतेन हेत्वभावः प्रत्युक्तः पूर्वमेव स समत्वात्॥
मृगतृष्णादृष्टान्तव्यावृत्तिविधौ य उक्तः प्राक्॥६८॥

एतेन चेदानीं चर्चेन पूर्वोक्तेन हेत्वभावोऽपि प्रत्युक्तोऽवगन्तव्यः। य एव हि चर्चः पूर्वस्मिन् हेतावुक्तः षट्कप्रतिषेधस्य स एवेहापि चर्चयितव्यः।

यत्पुनर्भवतोक्तं

पूर्वं चेत्प्रतिषेधः पश्चात्प्रतिषेध्यमित्यनुपपन्नम्॥
पश्चाच्चानुपपन्नो युगपच्च यतः स्वभावः सन्॥ इति

अत्र ब्रूमः।

यस्त्रैकाल्ये हेतुः प्रत्युक्तः पूर्वमेव स समत्वात्।
त्रैकाल्यप्रतिहेतुश्च शून्यतावादिनां प्राप्तः॥६९॥

य एव हेतुस्त्रैकाल्ये प्रतिषेधवाची स उक्तोत्तरः प्रत्यवगन्तव्यः। कस्मात्। साध्यसमत्वात्। तथा हि त्वद्वचनेन प्रतिषेधस्त्रैकाल्येऽनुपपन्नप्रतिषेधवत्स प्रतिषेध्योऽपि।

तस्मात् प्रतिषेधप्रतिषेध्येऽसति यद्भवान् मन्यते प्रतिषेधः प्रतिषिद्ध इति तन्न। यस्त्रिकालप्रतिषेधवाची हेतुरेष एव शून्यतावादिनां प्राप्तः सर्वभावस्वभावप्रतिषेधकत्वान्न भवतः।

अथवा कथमेतदुक्तोत्तरम्।

प्रतिषेधयामि नाहं किञ्चित्प्रतिषेध्यमस्ति न च किञ्चित्॥
तस्मात्प्रतिषेधयसीत्यधिलय एष त्वया क्रियते॥

इति प्रत्युक्तम्। अथ मन्यसे त्रिष्वपि कालेषु प्रतिषेधः सिद्धः, दृष्टः पूर्वकालीनोऽपि हेतुः, उत्तरकालीनोऽपि, युगपत्कालीनोऽपि हेतुः, तत्र पूर्वकालीनो हेतुर्यथा पिता पुत्रस्य, पश्चात्कालीनो यथा शिष्य आचार्यस्य, युगपत्कालीनो यथा प्रदीपः प्रकाशस्येत्यत्र ब्रूमः। न चैतदेवम्। उक्ता ह्येतस्मिन् क्रमे त्रयः पूर्वदोषाः। अपि च यद्येवम्, प्रतिषेधसद्भावस्त्वयाभ्युपगम्यते प्रतिज्ञाहानिश्च ते भवति। एतेन क्रमेण स्वभावप्रतिषेधोऽपि सिद्धः।

प्रभवति च शून्यतेयं यस्य प्रभवन्ति तस्य सर्वार्थाः॥
प्रभवति न तस्य किञ्चिन्न प्रभवति शून्यता यस्य॥७०॥

यस्य शून्यतेयं प्रभवति तस्य सर्वार्था लौकिकलोकोत्तराः प्रभवन्ति। किं कारणम्। यस्य हि शून्यता प्रभवति तस्य प्रतीत्य समुत्पादः प्रभवति। यस्य प्रतीत्यसमुत्पादः प्रभवति तस्य चत्वार्यार्यसत्यानि प्रभवन्ति। यस्य चत्वार्यार्यसत्यानि प्रभवन्ति तस्य श्रामण्यफलानि प्रभवन्ति, सर्वविशेषाधिगमाः प्रभवन्ति। यस्य सर्वविशेषाधिगमाः प्रभवन्ति तस्य त्रीणि रत्नानि बुद्धधर्मसंघाः प्रभवन्ति। यस्य प्रतीत्यसमुत्पादः प्रभवति तस्य धर्मो धर्महेतुर्धर्मफलं च प्रभवन्ति, तस्याधर्मोऽधर्महेतुरधर्मफलं च प्रभवन्ति। यस्य धर्माधर्मौ धर्माधर्महेतू धर्माधर्मफले च प्रभवन्ति तस्य क्लेशः क्लेशसमुदयः क्लेशवस्तूनि च प्रभवन्ति। यस्यैतत्सर्वं प्रभवति पूर्वोक्तं तस्य सुगतिदुर्गतिव्यवस्था सुगतिदुर्गतिगमनं, सुगतिदुर्गतिगामी मार्गः, सुगतिदुर्गतिव्यतिक्रमणं, सुगतिदुर्गतिव्यतिक्रमोपायः सर्वसंव्यवहाराश्च लौकिका व्यवस्थापिताः। स्वयमधिगन्तव्या अनया

दिशा किञ्चिच्छक्यं वचनेनोपदेष्टुमिति।

भवति चात्र।

य: शून्यतां प्रतीत्यसमुत्पादं मध्यमां प्रतिपदं च।
एकार्थं निजगाद प्रणमामि तमप्रतिमबुद्धम्॥

इति कृतिरियमाचार्यनागार्जुनपादानाम्॥

PART II

Sanskrit Text in Roman Script

Edited by

E. H. JOHNSTON

and

ARNOLD KUNST

The

VIGRAHAVYĀVARTANĪ of NĀGĀRJUNA

with the Author's Commentary

Edited by

E. H. JOHNSTON

AND

ARNOLD KUNST

PREFACE

The present work, which is the result of a joint effort of Professor E. H. Johnston and myself, was just completed before the former's sudden and premature death at Oxford, England, in 1942. Almost immediately after Professor Johnston's death the paper was submitted to the Royal Asiatic Society, which accepted it for publication, but owing to technical and financial difficulties that arose in connection with the war and its aftermath, the manuscript lay for a number of years in the safe of the Society, which was not in a position to effect the publication. Owing to these circumstances the RAS agreed to the withdrawal of the paper; it has now found a hospitable reception by the " Mélanges Chinois et Bouddhiques ", to which the writer feels greatly indebted on behalf of the deceased and on his own behalf. It is hoped that in spite of the inevitable delay this modest contribution will still serve its purpose as an addition to the treasury of important texts.

When Professor Johnston suggested to me some years ago the joint restoration of Nāgārjuna's treatise I grasped the opportunity of rendering useful and palatable an important Buddhist text whose defects in the only available Sanskrit version edited by R. Sāṅkṛtyāyana had worried me since I first came to read it. In the course of our collaboration we used to meet two or three times a week for discussion, and after nearly two years' work the common task took shape in what is presented to the Sanskrit student as the possibly nearest approximation, as we both believed it, of Nāgārjuna's original text.

Professor Johnston's tragic death rendered impossible the joint utilization of a number of remaining sheets with his and my scribbled comments. The arrangement of the text, the introduction and the critical apparatus are the result of joint work. A few dubious points, however, had been tentatively left unsolved in the otherwise final draft with the intention to discuss and possibly insert or substitute them at some later stage. This never materialized and there was never an opportunity of discussing them together. With the purpose of presenting the text as it was left off at Johnston's death it has remained unaltered except for some minor modifications and corrections of errors. It has been also found more practical to publish the text in Roman characters rather than in Devanāgarī, in which it was originally written.

The following list, which has been prepared later, suggests therefore in addition a few supplementary adjustments and alterations which, in my opinion, render the text final, and may serve as variants to the notes originally attached to the text. The reader will make his own choice as to the preferable version.

Text p. 11, 16-17, note 13: It may be better to maintain partly the text as conveyed in R and to read śūnyeṣu sarvabhāveṣu tvadvacanamaśūnyam, yenāśūnyatvāt sarvabhāvasvabhāvaḥ prasiddhaḥ.

This reading seems to be the simplest and it fulfills the test of fitting into the actual discussion : " If you maintain that, whereas all bhāvas *are void, your words are not void, then by means of non-void words you prove the* svabhāva *of all* bhāvas." *The proof arises from the exclusion of words (of which the* sarvabhāvas *are predicable) from the* sarvabhāvas *which thus stop being* sarvabhāvas. *I also suggest a slightly different interpretation of the meaning in the phrase on p. 12, 5, note 3 : If the* pratiṣedha *is valid, then the words expressing this* pratiṣedah *are void, and so any statement uttered by means of void words is consequently not valid.*

As for kārikā 21 the cæsura between the first and second quarter falls in the middle of the word, i.e. before the locative ending of sāmagrī. *A similar phenomenon occurs in kārikā 25 where the cæsura between the third and fourth quarter falls before the genitive ending of* śabda.

On p. 27, 3, note 1 for preference read with R śūnyena vacanena *in spite of T and Y.*

In kārikā 35 (note 8) the reading saṃparidhakṣyatyapi *instead of* paridhakṣyatyapi *seems to give a satisfactory solution to the difficulty in metre.*

P. 36, 11, note 8 : Kasyacid *is meant to be ambiguous. It probably alludes to the old controversy as to whether* para *in the* parārthānumāna *refers to the object being proved or to the " other " person for whom it is being proved. Therefore C must have meant it rather " for " than " of " a certain man.*

Read kārikā 51 b : parasparato na cānyaiḥ pramāṇair vā. *This reading seems to be accounted for also by the commentary;* anya *fits better in the context than* para.

Although the wording as given on p. 45, 10-13, notes 6-9, renders the text more lucid than it is in R, R's version could be maintained with some slight modifications, namely : tatra yadi tāvat sad, asad iti pratijñā hīyate / na hīdānīṃ tad asad idānīṃ sad / athāsad : asadbhūtasya nāma na bhavati / tasmād...

ARNOLD KUNST

INTRODUCTION

Among the minor works of Nāgārjuna the Vigrahavyāvartanī *takes a special place as an admirable illustration of his dialectical methods, as the only extant example of his prose style, and as a lucid exposition of his views on the conceptions of* śūnyatā *and* svabhāva. *While sufficient material for the study of the work has been published in recent years, it has not appeared in a form which made understanding of his arguments easy or even certain.*

Tibetan translations have proved more than once invaluable help in restoring corrupt Sanskrit texts and thus it is hoped that workers in the field of Buddhist studies and Indian philosophy will find it convenient to have an edition of the Sanskrit text, which is readable and as close to the original as the materials permit; hence this volume, providing what might perhaps be called better a restoration rather than an edition of the treatise.

Of the three available authorities the first is the Sanskrit MS., discovered by Rev. Rāhula Sāṅkṛtyāyana in the Tibetan monastery of Źalu and edited by him in an appendix to Vol. XXIII, Part III, of the Journal of the Bihar and Orissa Research Society, *referred to henceforward by the letter R. The MS. was written, probably in India, by a Tibetan in the Tibetan character and dates probably to the beginning of the XII*th *century. Assuming that it has been correctly transcribed, it is incredibly corrupt, with innumerable mistakes, omissions and interpolations, and the majority of the kārikās offend, often unnecessarily, against the rules of prosody. R corrects some of the minor mistakes (additions in round brackets), and has made additions from the Tibetan version (square brackets in text) or has given alternative readings from the same source in the footnotes; but unfortunately these additions and alternatives often fail to reproduce correctly the information the Tibetan gives us about the state of the text it used, and in general the edition should be regarded as a copy of the MS. with little change. Next there is the Tibetan* *translation, for which has been used the version published by Tucci in the* Pre-Diṅnāga Buddhist Texts on Logic from Chinese Sources, *hereafter called T; though it is far from being a critical edition and has a number of passages which are corrupt or from which an essential word has dropped out, it has not been possible to go behind it, as it makes use of all the Tibetan editions available in the course of this work. Help has been however derived in doubtful passages from an excellent French translation of it, published by S. Yamaguchi in the* Journal Asiatique, *tome CCXV, pp. 1-86, hereafter called Y. As usual, the Tibetan text appears to be verbatim, but it has one unusual feature in that there exist two separate translations of the kārikās, one of which often fails to give either the text or the sense of the Sanskrit correctly*[1]*; in the majority of cases where the differences occur the version put by Tucci in the footnotes is the more correct. Finally there is the Chinese translation, here denoted by C, for which has been used the text printed as No. 1631 in the Taisho Issaikyo edition of the Chinese Tripiṭaka, Vol. XXXII. It is the work of Gautama Prajñāruci and is dated 541 A.D. Much of it follows the Sanskrit closely, far more so than might appear from the translation which Tucci gave of it in the volume quoted above, but occasionally its version is so far removed from the Sanskrit and Tibetan as well as from the logical developement of the argument, that it can only be supposed either that the translator had failed to understand the original or that he was unable to express it in Chinese. The translation of the kārikās is in general more defective than that of the commentary.*

The textual problems to be solved by this edition are of unusual complexity and no uniform rule can be rigidly applied for their solution. Inevitably R provides the basis for the Sanskrit, and owing to the large amount of repetition there is seldom any difficulty in settling the particular terms used or the equivalents of T's and

[1] For more details cf. ARNOLD KUNST, *Kamalaśīla's Commentary on Śāntarakṣita's Anumānaparīkṣā of the Tattvasaṅgraha*, Mélanges Chinois et Bouddhiques, vol. VIII, pp. 154-155, offprint pp. 48-49.

C's versions. Thus except for minor details the text which T had before him can almost invariably be restored with certainty, but necessarily this is not the case with C, which accordingly is mainly of use for its corroboration of one of the other authorities when they differ. Where possible then, in such instances, the text confirmed by C has been accepted. In a very few cases preference was given to C over the other two, in view of its age; the most important instance is the final clause of kārikā 20, where the opponent states his conclusion. When C is ambiguous or when all three authorities differ among themselves, the judgement on the nature of the argument and of Nāgārjuna's highly individual style had to decide on the reading. In the result it appears that nearly all the kārikās now are presented in the form which the author gave to them, and that too with a minimum of conjecture. The number of kārikās has been reduced to 70, the traditional number for such works because the opponent's verse preceding 34, which has hitherto been treated as a kārikā, is shown by the Sanskrit wording to be a quotation, while the final verse, numbered 72 in R, belongs to the commentary, not to the main work. For the commentary a similar degree of certainty is unattainable; the best has been done so that Nāgārjuna's arguments seem to have been rendered correctly except for a few doubtful passages and two or three minor details, in particular the use of particles such as api and iti and variations between the sources in the longer or shorter statement of argument cannot be decided for good and all. Nevertheless these uncertainties, however trying such minutiae are to the editor, are not such as to impair the value of the text as a statement of Nāgārjuna's views. The apparatus criticus, unavoidably lengthy, has been kept within bounds as much as possible; no mention is made of cases where R has made acceptable minor emendations of the MS. or where the division of the sentences has been altered. Where the text rests on T as against R, the Tibetan text is not quoted as it is easily accessible; and when T differs from the text adopted, generally its reading is quoted only in what is taken to be the form of the Sanskrit text used by the translator. No suggestions of *amendments have been made which would be necessary to put C's text in order. C has not been quoted in full when it corroborates R or T against the other, but new translation has been occasionally given of troublesome passages. For the corrupt list of* kuśala dharmas *in the commentary on verse 7 it was deemed sufficient to give a general reference to the paper in the* Indian Historical Quarterly, *XIV, pp. 314 ff., where the complicated evidence was fully set out and discussed. Except for these cases, omissions from the apparatus, which unfortunately could not be entirely avoided, are due to oversight. In the text use is made occasionally of commas to facilitate its comprehension.*

The scope of this work does not include discussion of the more general problems raised by the text, but on one or two points a few words are desirable. In the first place it is a perfect specimen of contemporary dialectics, illustrating such old descriptions as we have of philosophical disputations. Every point has to be stated in the full and every objection has to be taken in its proper order and refuted. The style accordingly is decidedly archaic in character, devoid of the allusive references and elliptic statements which often make the dialectics of a later period hard to read. The Sanskrit, in general, is good, and the few usages, to which exception might be taken, are probably due to uncorrected corruptions, for instance the curious compound avidyamānagṛha *in the commentary on verse 64 in the sense of " not being present in the house", and the phrase* tulyam ayam aprāptaḥ, " *like this (fire which dispels darkness) without coming in contact with it ", in the commentary on verse 39. Specifically Buddhist words and usages are rare, the two most obvious cases being* adhilaya " *libel ", in verse 63, and* pratiṣedhyato " *(taking a thing) as capable of being refuted ", in verse 13. The rules governing the* āryā *metre are found to be strictly observed when the verses are restored to their correct form, thus proving that this type of verse must have been well established for some time before the second century A.D.*

While the text is divided in two parts, 20 verses setting out the opponents' criticisms of Nāgārjuna's views and 50 verses giving his reply, the objections are not in fact all made by the same critic. The dharmāvasthāvid *theorists of verse 7 are clearly Buddhist; though it is difficult to determine their school, the details in the commentary exclude the possibility of their being Sarvāstivādins, to whose theory of the* dharmas *much of the argument elsewhere would apply. The polemic against the validity of the Naiyāyika* pramāṇas *in verses 30-51 is more important, because it raises by its parallelism with* Nyāyasūtras, *II, i, 8-19, the question, whether Adhyāya ii of that composite work was in existence when Nāgārjuna wrote. The parallelism has already been dealt with by Y in his notes, by Tucci on pp. 34 ff. of the notes on his translation, and by R in his Introduction. Without going into details it may be remarked that Vātsyāyana's* bhāṣya *clearly has Nāgārjuna's position in mind, but it is not obvious that either Nāgārjuna knew the sūtras or vice versa; till the matter is more fully examined all that can safely be said is that the two works reflect the dispute between the two schools at much the same stage, but not necessarily with reference by one to the other. But one point is certain and that is that Nāgārjuna took some of the Naiyāyika arguments from a different work of that school. For he quotes a verse from it just before kārikā 34, and the Naiyāyikas evidently admitted the validity of his criticisms, since the views put forward in that verse are mentioned by Vātsyāyana only to be rejected as incorrect and are stated by Vācaspati Miśra,* Tātparyaṭīkā *on II, i, 19, to have been held by an* ācāryadeśiya. *It appears therefore that the verse in question is quoted from some treatise by this discredited teacher, whose name we are never likely to learn. It also seems doubtful if the Naiyāyika principle quoted in the commentary on verse 31,* pramāṇato 'rthānāṃ prasiddhiḥ, *is in exact accord with the Sūtras; for the opening words of the bhāṣya on* Nyāyasūtras, *I, i, 1, appear to have been chosen with great care precisely with the object of evading Nāgārjuna's criticisms.*

ABBREVIATIONS

C *Vigrahavyāvartanī*, Chinese translation, *Chinese Tripiṭaka*, Taisho Issaikyo, XXXII, No. 1631.

MMK *Mūlamadhyamikakārikās*, ed. LA VALLÉE POUSSIN, Bibl. Buddh. IV.

R *Vigrahavyāvartanī*, Sanskrit text, ed. Rāhula SĀṄKṚTYĀYANA, JBORS, XXIV, III.

T *Vigrahavyāvartanī*, Tibetan translation in G. TUCCI, *Pre-Diṅnāga Buddhist Texts on Logic from Chinese Sources*, Gaekwad's Or. Ser., XLIX.

Y *Vigrahavyāvartanī*, French translation of the Tibetan translation, by S. YAMAGUCHI, Journal Asiatique, CCXV, pp. 1-86.

e.c. ex conjectura.

om. omits.

THE VIGRAHAVYĀVARTANĪ

sarveṣāṃ bhāvānāṃ sarvatra na vidyate svabhāvaścet/
tvadvacanamasvabhāvaṃ na nivartayituṃ svabhāvamalam[1]// 1 //

yadi sarveṣāṃ bhāvānāṃ hetau pratyayeṣu ca hetupratyayasāmagryāṃ ca pṛthak ca [2] sarvatra svabhāvo na vidyata iti kṛtvā śūnyāḥ sarvabhāvā iti [3] / na hi bīje hetubhūte 'ṅkuro 'sti, na pṛthivyaptejovāyvādīnāmekaikasmin pratyayasaṃjñite [4], na pratyayeṣu samagreṣu [5], na hetupratyayasāmagryām, na hetupratyayavinirmuktaḥ pṛthageva ca [6] / yasmādatra sarvatra [7] svabhāvo nāsti tasmānniḥsvabhāvo 'ṅkuraḥ / yasmānniḥsvabhāvastasmācchūnyaḥ [8] / yathā cāyamaṅkuro [9] niḥsvabhāvo niḥsvabhāvatvācca śūnyastathā sarvabhāvā api [10] niḥsvabhāvatvācchūnyā iti /

atra vayaṃ brūmaḥ [11] / yadyevam, tavāpi [12] vacanaṃ yadetacchūnyāḥ sarvabhāvā iti tadapi śūnyam / kiṃ kāraṇam / tadapi hetau nāsti mahābhūteṣu saṃprayukteṣu viprayukteṣu vā, pratyayeṣu nāstyuraḥkaṇṭhauṣṭhajihvādantamūlatālunāsikāmūrdhaprabhṛtiṣu yatneṣu [13], ubhayasāmagryāṃ nāsti [14], hetupratyayavinirmuktaṃ pṛthageva ca [15] nāsti / yasmādatra sarvatra nāsti tasmānniḥsvabhā-

[1] *asvabhāvaṃ*, R.
[2] R adds *yatra*.
[3] T om. *iti*.
[4] *°saṃjñeti*, R.
[5] R adds *na hetupratyayeṣu samagreṣu*.
[6] *vā*, R.
[7] R om. *sarvatra*, but cf. similar sentence below. T adds *ayam*.
[8] T om. *yasmān niḥsvabhāvas*, which C has.
[9] T om. *ayam*.
[10] R om. *api*.
[11] T om. this sentence.
[12] T om. *api*.
[13] *yan naiva*, R.
[14] R om. *na*.
[15] *vā*, R.

vam / yasmānniḥsvabhāvaṃ tasmācchūnyam[1] / tasmādanena sarvabhāvasvabhāvavyāvartanamaśakyaṃ[2] kartum[3] / na hyasatāgninā[4] śakyaṃ dagdhum / na hyasatā śastreṇa śakyaṃ chettum / na hyasatībhiradbhiḥ[5] śakyaṃ kledayitum / evamasatā vacanena[6] na śakyaḥ sarvabhāvasvabhāvapratiṣedhaḥ kartum[7] / tatra yaduktaṃ sarvabhāvasvabhāvaḥ pratiṣiddha[8] iti tanna /

atha sasvabhāvametadvākyaṃ pūrvā[9] hatā pratijñā te/
vaiṣamikatvaṃ tasmin viśeṣahetuśca vaktavyaḥ // 2 //

athāpi manyase mā bhūdeṣa doṣa iti sasvabhāvametadvākyaṃ sasvabhāvatvāccāśūnyaṃ[10] tasmādanena sarvabhāvasvabhāvaḥ pratiṣiddha[11] iti, atra brūmaḥ / yadyevam, yā te pūrvā[12] pratijñā śūnyāḥ sarvabhāvā iti hatā sā /

kiṃ cānyat / sarvabhāvāntargataṃ ca tvadvacanam / kasmācchūnyeṣu sarvabhāveṣu tvadvacanamaśūnyam, yenāśūnyatvātsarvabhāvasvabhāvaḥ pratiṣiddhaḥ[13] / evaṃ ṣaṭkoṭiko vādaḥ prasaktaḥ / sa punaḥ kathamiti / hanta cetpunaḥ śūnyāḥ sarvabhāvāstena

[1] *niḥsvabhāvatvācchūnyam*, T.

[2] T om. *svabhāva*.

[3] R adds *kiṃ kāraṇam*, not in C.

[4] *asadagninā*, R.

[5] R om. *hi*.

[6] T adds *api*.

[7] R adds the gloss *na śakyaḥ sarvabhāvasvabhāvo nivartayitum*.

[8] R adds *sarvatra bhāvasvabhāvo vinivartate*.

[9] *śrutvā*, R; C as in text. Y's explanation of *vaiṣamikatva* by *viṣamavyāpti* is anachronistic; here it means " discordance ".

[10] T has *tasmāc* for *sasvabhāvatvāc*.

[11] R adds *sarvabhāvasvabhāvo vinivartate*.

[12] R om. *evam yā* and *pūrvā*; C has the latter.

[13] The three authorities differ hopelessly in this sentence. The text follows R, adding *chūnyeṣu*, which appears in both T and C, and substituting *pratiṣiddhaḥ* for its *svabhāvaprasiddhaḥ*. T has approximately *kasmāt? sarvabhāveṣu śūnyeṣu satsu evam aśūnyatvāt tena sarvabhāvasvabhāvaḥ pratiṣiddha iti tvadvacanam aśūnyam bhavet*. C literally would give *yasmāc chūnyāḥ sarvabhāvās tasmāt tvadvacanaṃ śūnyam, tena śūnyatvāt sarvabhāvapratiṣedho na bhavet*.

tvadvacanaṃ śūnyaṃ sarvabhāvāntargatatvāt [1] / tena śūnyena pratiṣedhānupapattiḥ / tatra yaḥ pratiṣedhaḥ śūnyāḥ sarvabhāvā [2] iti so 'nupapannaḥ / upapannaścetpunaḥ śūnyāḥ sarvabhāvā iti pratiṣedhastena tvadvacanamapyaśūnyam / aśūnyatvādanena pratiṣedho 'nupapannaḥ [3] / atha śūnyāḥ sarvabhāvāstvadvacanaṃ cāśūnyaṃ yena pratiṣedhaḥ, tena tvadvacanaṃ sarvatrāsaṃgṛhītam [4] / tatra dṛṣṭāntavirodhah / sarvatra cetpunaḥ saṃgṛhītaṃ [5] tvadvacanaṃ sarvabhāvāśca śūnyāstena tadapi śūnyam / śūnyatvādanena nāsti pratiṣedhaḥ / atha śūnyamasti cānena pratiṣedhaḥ śūnyāḥ sarvabhāvā iti tena śūnyā api sarvabhāvāḥ kāryakriyāsamarthā bhaveyuḥ / na caitadiṣṭam / atha śūnyāḥ sarvabhāvā na ca kāryakriyāsamarthā bhavanti mā bhūd dṛṣṭāntavirodha iti kṛtvā, śūnyena tvadvacanena sarvabhāvasvabhāvapratiṣedho nopapanna iti [6] /

kiṃ cānyat / evaṃ tadastitvād[7]vaiṣamikatvaprasaṅgaḥ kiṃcicchūnyaṃ kiṃcidaśūnyamiti / tasmiṃśca [8] vaiṣamikatve viśeṣaheturvaktavyo yena [9] kiṃcicchūnyaṃ kiṃcidaśūnyaṃ syāt / sa ca nopadiṣṭo hetuḥ / tatra yaduktaṃ śūnyāḥ sarvabhāvā iti tanna /

kiṃ cānyat /

mā śabdavadityetatsyātte buddhirna
caitadupapannam/

[1] R adds *tvadvacanasya*.

[2] *śūnyaḥ sarvabhāva*, R, which omits *so*.

[3] The three authorities differ for these two sentences. The text follows C, the argument being that, if the *pratiṣedha* is valid, the words expressing it must be non-void, and since they are non-void and are included in all things, the statement that all things are void is not valid. T reads *anupapannas*, *śūnyam* and *śūnyatvāt*, which does not give as good sense. R as in text, but omitting °*m apy aśūnyam a*°.

[4] T seems to have had *sarvāntarasaṃgṛhītam*, which is perhaps better.

[5] R om. *saṃ*.

[6] T om. *iti*.

[7] T has *de skad zer na* for *tadastitvād*, the equivalent of which is not clear; C is no help, and it seems necessary to have something to show that the case contemplated is that in which the statement is non-void.

[8] T apparently had *sati ca* for *tasmiṃśca*.

[9] R adds *hi viśeṣahetunā*.

śabdena hyatra[1] satā bhaviṣyato vāraṇaṃ tasya // 3 //

syātte buddhiḥ[2], yathā nāma kaścid brūyānmā śabdaṃ kārṣīriti[3] svayameva śabdaṃ kuryāttena ca śabdena tasya śabdasya[4] vyāvartanaṃ kriyeta[5], evameva śūnyāḥ sarvabhāvā iti śūnyena[6] vacanena sarvabhāvasvabhāvasya vyāvartanaṃ kriyata iti / atra vayaṃ brūmaḥ / etadapyanupapannam / kiṃ kāraṇam[7] / satā hyatra śabdena bhaviṣyataḥ śabdasya pratiṣedhaḥ kriyate / na punariha[8] bhavataḥ satā vacanena sarvabhāvasvabhāvapratiṣedhaḥ kriyate / tava hi matena vacanamapyasat, sarvabhāvasvabhāvo 'pyasan / tasmādayaṃ mā śabdavaditi viṣamopanyāsaḥ[9] /

pratiṣedhapratiṣedho 'py[10]evamiti matam bhavettadasadeva/
evaṃ tava pratijñā lakṣaṇato dūṣyate na mama // 4 //

syātte buddhiḥ, pratiṣedhapratiṣedho 'py[11]anenaiva kalpenānupapannaḥ, tatra yadbhavān sarvabhāvasvabhāvapratiṣedhavacanaṃ pratiṣedhayati[12] tad[13]anupapannamiti / atra vayaṃ brūmaḥ / etadapyasadeva[14] / kasmāt / tava hi pratijñālakṣaṇaprāptaṃ[15] na

[1] T and R omit *hy*, which is required by the metre and is given by R when the verse is repeated before kārikā 25.

[2] T omits the phrase, but C has it.

[3] R repeats *mā śabdaṃ kārṣīr* and omits *svayam eva śabdaṃ kuryāt;* T and C as in text.

[4] R om. *tasya śabdasya.*

[5] kriyate, R.

[6] *svabhāvaśūnyena*, T.

[7] T om. *kiṃ kāraṇam*, certified by C.

[8] T om. *punar.*

[9] °*nyāso 'sann iti*, R, which then adds *kiṃ ca*, not in T or C.

[10] *pratipratiṣedhye 'py*, R.

[11] *pratiṣedhaḥ pratiṣedhyo 'py*, R.

[12] T, which is not clear, apparently read *bhavataḥ... vacanapratiṣedhavacanam*, omitting *pratiṣedhayati.*

[13] T adds *apy.*

[14] *etadaśabdena sad eva*, R.

[15] °*prāpte mataṃ*, R. C, as well as T, omits *matam.*

mama / bhavān bravīti śūnyāḥ sarvabhāvā iti nāham[1] / pūrvakaḥ pakṣo na mama[2] / tatra yaduktaṃ pratiṣedhapratiṣedho 'pyevaṃ satyanupapanna iti[3] tanna /

kiṃ cānyat /

pratyakṣeṇa hi tāvadyadyupalabhya vinivartayasi bhāvān/
tannāsti pratyakṣaṃ bhāvā yenopalabhyante// 5 //

yadi pratyakṣataḥ sarvabhāvānupalabhya bhavānnivartayati śūnyāḥ sarvabhāvā iti tad[4]anupapannam / kasmāt / pratyakṣamapi hi pramāṇaṃ sarvabhāvāntargatatvācchūnyam / yo bhāvān[5]upalabhate so 'pi śūnyaḥ / tasmāt pratyakṣeṇa[6] pramāṇena nopalaṃbhabhāvo 'nupalabdhasya ca pratiṣedhānupapattiḥ / tatra yaduktaṃ[7] śūnyāḥ sarvabhāvā iti tadanupapannam /

syātte buddhiḥ, anumānenāgamenopamānena vā sarvabhāvānupalabhya[8] sarvabhāvavyāvartanaṃ kriyata iti, atra brūmaḥ /

anumānaṃ pratyuktaṃ pratyakṣeṇāgamopamāne ca/
anumānāgamasādhyā ye 'rthā dṛṣṭāntasādhyāśca// 6 //

anumānopamānāgamāśca pratyakṣeṇa pramāṇena pratyuktāḥ yathā[9] hi pratyakṣaṃ pramāṇaṃ śūnyaṃ sarvabhāvānāṃ śūnyatvādevamanumānopamānāgamā[10] api śūnyāḥ sarvabhāvānāṃ śū-

[1] R adds *tasmāt tvatpratijñān napayāmi.*
[2] T omits these two sentences, which C has.
[3] *pratiṣedhaḥ pratiṣedhyo 'py evam matam iti upapannam iti*, R.
[4] T adds *api*.
[5] *yo 'pi sarvabhāvān*, R.
[6] T om. *pratyakṣeṇa*. This and the previous sentence appear very differently in C, which brings in *anumāna*, apparently confusing it with *upalabdhi*.
[7] R om. *tatra yad uktam.*
[8] T om. *sarvabhāvān*, and adds *etat* before *sarvabhāva*°.
[9] *tathā*, T.
[10] *anumānamopamāgamā*, R.

ṇyatvāt / ye[1] 'numānasādhyā arthā āgamasādhyā upamānasādhyāśca te 'pi śūnyāḥ sarvabhāvānāṃ śūnyatvāt / anumānopamānāgamaiśca yo[2] bhāvānupalabhate so 'pi śūnyaḥ[3] / tasmādbhāvānāmupalambhābhāvo 'nupalabdhānāṃ ca svabhāvapratiṣedhānupapattiḥ / tatra yaduktaṃ śūnyāḥ sarvabhāvā iti tanna /

kiṃ cānyat /

kuśalānāṃ dharmānāṃ dharmāvasthāvidaśca manyante /
kuśalaṃ janāḥ svabhāvaṃ[4] śeṣeṣvapyeṣa viniyogaḥ // 7 //

iha janā[5] dharmāvasthāvido manyante kuśalānāṃ dharmāṇāmekonaviṃśaśatam[6] / tadyathaikadeśo vijñānasya vedanāyāḥ saṃjñāyāścetanāyāḥ sparśasya manasikārasya cchandasyādhimokṣasya vīryasya smṛteḥ samādheḥ prajñāyā upekṣāyāḥ prayogasya saṃprayogasya prāpteradhyāśayasyāpratighasya ratervyavasāyasyautsukyasyonmugdherutsāhasyāvighātasya vaśitāyāḥ pratighātasyāvipratisārasya parigrahasyāparigrahasya ... dhṛteradhyavasāya-

[1] R adds *api*.

[2] R adds *api*.

[3] *śūnyaḥ syāt*, R; *syāt* is probably a corruption from *tasmāt*, missing at the beginning of the next sentence.

[4] *janasvabhā*, R, omitting *vaṃ*.

[5] R om. *janā*.

[6] The following list of 119 qualities has been fully discussed in E. H. Johnston's, *Nāgārjuna's List of Kuśala-dharmas*, IHQ, XIV, 314-323, and therefore the full apparatus criticus which was given there is here omitted. The text of R has many corruptions and some omissions, and C gives 107 qualities only, so that the list cannot be restored in its entirety. Probable suggestions cannot be made for the following numbers, 30 (*dran pa*, T, possibly a formation from *smṛ* signifying remorse), 51 (R and T between them suggest something like *ananukūlābhyavahāratā*), 70 (*vyavakāratā?*), 76 (possibly *middha*, not considered loc. cit., but see on 75 below) and 107 (*ṛddhi* or an equivalent word). The following restorations are uncertain in varying degrees, 22 (*unmugdhi*) a word not otherwise known, 26 (*pratighāta*), 28 and 29 (*parigraha* and *aparigraha*), 34 (*anunmugdhi*, cf. on 22), 71 (*dākṣya*), 75 (possibly *upayāsa* only, the rest of the word going to 76, for which see above), 80 (*adhyātmasaṃprasāda*), 102 (*manana*) and 106 (*araṇā*). The first 81 qualities are in the genitive after *ekadeśa*, because they are *kuśala* in certain aspects only, not in all.

syānautsukyasyānunmugdheranutsāhasya prārthanāyāḥ praṇidhermadasya viṣayāṇāṃ viprayogasyānairyāṇikatāyā utpādasya sthiteranityatāyāḥ samanvāgamasya jarāyāḥ paritāpasyāratervitarkasya prīteḥ prasādasya ... premṇaḥ pratikūlasya pradakṣiṇagrāhasya vaiśāradyasya gauravasya citrīkārasya bhakterabhakteḥ śuśrūṣāyā ādarasyānādarasya praśrabdherhāsasya vāco vispandanāyāḥ siddhasyāprasādasyāpraśrabdheḥ ... dākṣyasya sauratyasya vipratisārasya śokasyopāyāsāyāsasya ... apradaksiṇagrāhasya saṃśayasya saṃvarāṇāṃ pariśuddheradhyātmasaṃprasādasya bhīrutāyāḥ, śraddhā hrīrārjavamavañcanamupaśamo 'cāpalamapramādo mārdavaṃ pratisaṃkhyānaṃ nirvairaparidāhāvamado 'lobho 'doṣo 'mohaḥ sarvajñatāpratiniḥsargo vibhavo 'patrāpyamaparicchadanaṃ mananaṃ kāruṇyaṃ maitryadīnatāraṇā ... anupanāho 'nīrṣyā cetaso 'paryādānaṃ kṣāntirvyavasargo 'sauratyaṃ paribhogānvayaḥ puṇyamasaṃjñisamāpattirnairyāṇikatāsarvajñatāsaṃskṛtā dharmā ityekonaviṃśaśataṃ kuśalānāṃ dharmāṇāṃ [1] kuśalaḥ svabhāvaḥ.

tathākuśalānāṃ dharmāṇāmakuśalaḥ [2] svabhāvaḥ, nivṛtāvyākṛtānāṃ [3] nivṛtāvyākṛtaḥ [4], prakṛtāvyākṛtānāṃ prakṛtāvyākṛtaḥ [5], kāmoktānāṃ kāmoktaḥ, rūpoktānāṃ rūpoktaḥ, ārūpyoktānāmārūpyoktaḥ, anāsravāṇāmanāsravaḥ, duḥkhasamudayanirodhamārgoktānāṃ duḥkhasamudayanirodhamārgoktaḥ [6], bhāvanāprahātavyānāṃ bhāvanāprahātavyaḥ, aprahātavyānāmaprahātavyaḥ [7] / yasmādevamanekaprakāro dharmasvabhāvo dṛṣṭastasmādyaduktaṃ [8] niḥsvabhāvāḥ sarvabhāvā niḥsvabhāvatvācchūnyā iti tanna / kiṃ cānyat /

[1] R om. *dharmāṇām* ; *°śatasya* would be better.

[2] R om. *dharmāṇām*.

[3] R om. *nivṛtāvyākytānām*.

[4] T adds *svabhāvaḥ*, which C omits.

[5] *anivṛtāvyākṛtānām anivṛtāvyākṛtaḥ svabhāvaḥ*, T ; but C supports R, suggesting however *prakṛty°* or *prākṛtā°*. The category cannot be recognized.

[6] R gives these four separately, *duḥkhohtānāṃ duḥkhoktaḥ* etc., against C and T.

[7] C om. *aprahātavyānām aprahātavyaḥ*, and R adds *prahātavyānāṃ prahātavyaḥ*.

[8] R adds *iha* after *tasmād*.

nairyāṇikasvabhāvo dharmā[1] nairyāṇi-
kāśca ye teṣām/
dharmāvasthoktānāmevamanairyāṇikādī-
nām[2]//8//

iha ca dharmāvasthoktānāṃ[3] nairyāṇikānāṃ dharmānāṃ nairyāṇikaḥ svabhāvaḥ, anairyāṇikānāmanairyāṇikaḥ[4], bodhyaṅgikānāṃ bodhyaṅgikaḥ, abodhyaṅgikānāmabodhyaṅgikaḥ, bodhipakṣikāṇāṃ[5] bodhipakṣikaḥ, abodhipakṣikāṇāmabodhipakṣikaḥ / evamapi[6] śeṣāṇām / tadyasmād[7]evamanekaprakāro dharmāṇāṃ svabhāvo dṛṣṭastasmād[8]yadyuktaṃ niḥsvabhāvāḥ sarvabhāvā niḥsvabhāvatvācchūnyā iti tanna /

kiṃ cānyat /

yadi ca na bhavetsvabhāvo dharmāṇāṃ
niḥsvabhāva ityeva[9]/
nāmāpi bhavennaivaṃ nāma hi[10] nir-
vastukaṃ nāsti //9//

yadi sarvadharmāṇāṃ svabhāvo na bhavettatrāpi niḥsvabhāvo bhavet / tatra niḥsvabhāva ityevaṃ nāmāpi na bhavet / kasmāt / nāma hi nirvastukaṃ kiṃcidapi nāsti / tasmānnāmasadbhāvātsvabhāvo bhāvānāmasti svabhāvasadbhāvāccāśūnyāḥ[11] sarvabhāvāḥ / tasmādyaduktaṃ[12] niḥsvabhāvāḥ sarvabhāvā niḥsvabhāvatvācchūnyā iti tanna /

[1] *dharmo*, R.
[2] *eva ca nair°*, R; C also shows *evam*.
[3] *dharmo 'vastho°*, R; C omits the entire compound.
[4] T adds *svabhāvaḥ*, and C adds the same word after each item.
[5] R's *bodhipākṣika* is contrary to Buddhist usage.
[6] R om. *api*.
[7] *tasmād*, T, for *tad yasmād*.
[8] *yasmād*, R.
[9] *ity evam*, R.
[10] *nāmāpi*, R, against the metre; cf. the repetition of the verse before **kārikā** 57.
[11] R omits most of this passage from the beginning of the commentary up to here, probably passing from the first *svabhāvo* to the second; it runs: *yadi dharmāṇāṃ svabhāvo bhāvānāṃ svabhāvānāṃ sadbhāvāc cāśūnyaḥ*. This is restored from T, and C agrees in sense.
[12] *tatrā yad uktam*, R.

kiṃ cānyat /

atha vidyate svabhāvaḥ sa ca dharmāṇāṃ na vidyate tasmāt/
dharmairvinā svabhāvaḥ sa yasya[1] tadyuktamupadeṣṭum// 10 //

atha manyase mā bhūdavastukaṃ nāmeti kṛtvāsti svabhāvaḥ, sa punardharmāṇāṃ[2] na saṃbhavati, evaṃ dharmaśūnyatā niḥsvabhāvatvāddharmāṇāṃ siddhā[3] bhaviṣyati, na ca nirvastukaṃ nāmeti, atra vayaṃ brūmaḥ / evaṃ yasyedānīṃ[4] sa svabhāvo dharmavinirmuktasyārthasya sa[5] yuktamupadeṣṭumarthaḥ / sa ca nopadiṣṭaḥ / tasmādyā kalpanāsti svabhāvo na sa[6] punardharmāṇāmiti sā hīnā /

kiṃ cānyat /

sata eva pratiṣedho nāsti ghaṭo geha ityayaṃ yasmāt/
dṛṣṭaḥ pratiṣedho 'yaṃ sataḥ svabhāvasya te tasmāt// 11 //

iha ca sato 'rthasya pratiṣedhaḥ kriyate nāsataḥ / tadyathā nāsti ghaṭo geha iti sato ghaṭasya pratiṣedhaḥ kriyate nāsataḥ / evameva nāsti svabhāvo[7] dharmāṇāmiti sataḥ svabhāvasya pratiṣedhaḥ prāpnoti nāsataḥ / tatra yaduktaṃ niḥsvabhāvāḥ sarvabhāvā[8] iti tanna / pratiṣedhasaṃbhavādeva sarvabhāvasvabhāvo 'pratiṣiddhaḥ[9] /

kiṃ cānyat /

[1] *yasyāsti*, R, against the metre; cf. the repetition of the verse before kārikā 60.
[2] *sarvadharmāṇām*, T.
[3] *niḥsvabhāvatvam* and *siddham*, R.
[4] *kasyedānīm*, R.
[5] *tatra*, R, for *sa*.
[6] R om. *sa*.
[7] R om. *sva*.
[8] R adds *niḥsvabhāvatvāc chūnyā*, not in C or T.
[9] °*svabhāvaḥ prasiddhaḥ*, T; C's equivalent is not clear, but it certainly did not have *prasiddhaḥ*.

atha nāsti sa svabhāvaḥ kiṃ nu prati-
ṣidhyate tvayānena/
vacanenarte vacanātpratiṣedhaḥ sidhy-
ate hyasataḥ // 12 //

atha nāstyeva sa svabhāvo [1] 'nena vacanena niḥsvabhāvāḥ [2] sarvabhāvā [3] iti kiṃ bhavatā pratiṣidhyate / asato hi [4] vacanādvinā [5] siddhaḥ pratiṣedhaḥ, tadyathāgneḥ śaityasya, apāmauṣṇyasya / kiṃ cānyat /

bālānāmiva mithyā mṛgatṛṣṇāyāṃ yathā-
jalagrāhaḥ [6] /
evaṃ mithyāgrāhaḥ syātte pratiṣedhy-
ato [7] hyasataḥ // 13 //

syātte buddhiḥ, yathā bālānāṃ mṛgatṛṣṇāyāṃ mithyā jalamiti grāho bhavati, nanu [8] nirjalā sā mṛgatṛṣṇeti tatra paṇḍitajātīyena puruṣeṇocyate tasya grāhasya [9] vinivartanārtham, evaṃ niḥsvabhāveṣu yaḥ svabhāve grāhaḥ [10] sattvānāṃ tasya vyāvartanārthaṃ niḥsvabhāvāḥ sarvabhāvā ityucyata iti [11], atra brūmaḥ /

nanvevaṃ satyasti grāho grāhyaṃ ca
tadgrahītā [12] ca/
pratiṣedhaḥ pratiṣedhyaṃ pratiṣeddhā
ceti ṣaṭkaṃ tat // 14 //

[1] R om. *atha* and *sa* and adds *iti* after *svabhāvo*.
[2] T om. *svabhāvāḥ*, possibly owing to a misprint.
[3] R om. *sarva*.
[4] T has *evam* for *hi*.
[5] *vināpi*, T.
[6] In view of the commentary on verse 66, *yathājalagrāhaḥ* must be a compound here.
[7] *pratiṣidhyato*, R. Translate according to the common use of *-tas*, "Thus would be your misconception of the non-existing as something that can be refuted."
[8] T om. *nanu*.
[9] *mithyāgrāhasya*, R.
[10] Should the reading be *svabhāvagrāhaḥ?*
[11] T om. *ucyata iti*, which is given also by C.
[12] *tadgṛhītaṃ*, R.

yadyevaṃ [1], asti tāvatsattvānāṃ grāhaḥ [2], asti grāhyam, santi ca tadgrahītāraḥ [3], asti pratiṣedhastasyāpi mithyāgrāhasya, asti pratiṣedhyaṃ yadidaṃ [4] mithyāgrāho [5] nāma, santi ca [6] pratiṣeddhāro yuṣmadādayo 'sya grāhasyeti [7] siddhaṃ ṣaṭkam / tasya ṣaṭkasya prasiddhatvād[8]yaduktaṃ śūnyāḥ sarvabhāvā iti tanna /

atha naivāsti grāho naiva[9] grāhyaṃ na ca grahītāraḥ/
pratiṣedhaḥ pratiṣedhyaṃ pratiṣeddhāro nanu[10] na santi// 15//

atha mā bhūdeṣa doṣa iti kṛtvā naiva grāho 'sti naiva grāhyaṃ na ca grahītāra ityevaṃ sati grāhasya yaḥ[11] pratiṣedho niḥsvabhāvāḥ sarvabhāvā iti so 'pi nāsti, pratiṣedhyamapi nāsti, pratiṣeddhāro 'pi na santi /

pratiṣedhaḥ pratiṣedhyaṃ pratiṣeddhā-raśca yadyuta na santi/
siddhā hi sarvabhāvāsteṣāmeva[12] sva-bhāvaśca// 16//

yadi ca na pratiṣedho na pratiṣedhyaṃ na pratiṣeddhāraḥ santyapratiṣiddhāḥ sarvabhāvā asti ca sarvabhāvānāṃ[13] svabhāvaḥ / kiṃ cānyat /

[1] R adds *nanv eva saty.*

[2] *mithyāgrāhaḥ*, R; *grāho 'pi*, T.

[3] *santi satvā grahītāraḥ*, R.

[4] T om. *yad* and adds *api.*

[5] °*grāhyaṃ*, R.

[6] R om. *ca.*

[7] *mithyāgrāhasyeti*, R.

[8] *ṣaṭkasyāpy aprasiddhatvāt*, R, omitting *tasya; aprasiddhatvād*, T; C shows °*siddha.*

[9] *na tu*, R, against the metre; cf. the commentary.

[10] e.c.: *sya tu*, R, which C and T omit.

[11] R om. *yaḥ.*

[12] *yeṣām evaṃ*, R.

[13] T om. *sarva*, which C has.

h e t o ś c a t e [1] n a s i d d h i r n a i ḥ s v ā b h ā v y ā t [2]
k u t o h i t e h e t u ḥ /
n i r h e t u k a s y a s i d d h i r n a c o p a p a n n ā s y a t e
'r t h a s y a // 17 //

niḥsvabhāvāḥ sarvabhāvā ityetasminnarthe te hetorasiddhiḥ / kiṃ kāraṇam / niḥsvabhāvatvāddhi sarvabhāvānāṃ śūnyatvāttato [3] hetuḥ kutaḥ / asati hetau nirhetukasyārthasya śūnyāḥ sarvabhāvā iti kuta eva prasiddhiḥ / tatra yaduktaṃ śūnyāḥ sarvabhāvā iti tanna /

kiṃ cānyat /

y a d i c ā h e t o ḥ s i d d h i ḥ s v a b h ā v a v i n i v a r-
t a n a s y a t e b h a v a t i /
s v ā b h ā v y a s y ā s t i t v a ṃ m a m ā p i n i r h e t u-
k a ṃ s i d d h a m // 18 //

atha manyase nirhetukī [4] siddhirniḥsvabhāvatvasya bhāvānāmiti yathā tava svabhāvavinivartanaṃ [5] nirhetukaṃ siddhaṃ tathā mamāpi svabhāvasadbhāvo [6] nirhetukaḥ siddhaḥ [7] /

a t h a h e t o r a s t i t v a ṃ b h ā v ā s v ā b h ā v y a m [8]-
i t y a n u p a p a n n a m /
l o k e ṣ u n i ḥ s v a b h ā v o [9] n a h i k a ś c a n a
v i d y a t e b h ā v a ḥ // 19 //

[1] *hetos tato*, R; cf. the repetition of the verse before kārikā 68.

[2] *naiḥsvābhāvya* is an odd form; the length of the second syllable is guaranteed by the metre. In the four occurences in MMK, the text has *naiḥsvābhāvya* twice, and *naiḥsvābhāvya* twice, but none of them occur in a verse.

[3] *śūnyatvān na tato*, R, which omits *kutaḥ*, but C as well as T has *kutaḥ*.

[4] *nairhetukī*, R; T adds *tatra*.

[5] R om. *vi*, but cf. the kārikā.

[6] R adds *'pi*.

[7] T adds a gloss, *mamāpīti mamāsti*.

[8] *bhāvanaiḥsvabhāvyam*, R, against the metre.

[9] *loke naiḥsvabhāvyāt*, R, but T and the commentary show *niḥsvabhāvo; lokeṣu* is uncertain, as T does not show the plural, and perhaps therefore *loke 'pi*.

yadi hetorastitvaṃ manyase [1] niḥsvabhāvāḥ sarvabhāvā iti, tadanupapannam / kiṃ kāraṇam / na hi loke niḥsvabhāvaḥ kaścidbhāvo 'sti /

kiṃ cānyat /

pūrvaṃ cetpratiṣedhaḥ paścātpratiṣedhyamityanupapannam [2] /
paścāccānupapanno [3] yugapacca yataḥ svabhāvaḥ san [4] // 20 //

iha pūrvaṃ cetpratiṣedhaḥ paścācca pratiṣedhyamiti [5] nopapannam / asati hi pratiṣedhye kasya pratiṣedhaḥ / atha paścātpratiṣedhaḥ pūrvaṃ pratiṣedhyamiti ca [6] nopapannam / siddhe hi pratiṣedhye kiṃ pratiṣedhaḥ karoti / atha yugapatpratiṣedhapratiṣedhya iti [7] tathāpi na pratiṣedhaḥ pratiṣedhyasyārthasya kāraṇam [8], pratiṣedhyo na pratiṣedhasya ca, yathā yugapadutpannayoḥ śaśaviṣāṇayornaiva [9] dakṣiṇaṃ savyasya kāraṇaṃ savyaṃ vā dakṣiṇasya kāraṇaṃ bhavatīti [10] / tatra yaduktaṃ niḥsvabhāvāḥ sarvabhāvā iti tanna /

[1] This sentence may not be in order; it would improve it to put *manyase* before *hetor* and add *ca* after *niḥsvabhāvāḥ*. R inserts *iha* at the beginning, and C seems to have had *niḥsvabhāvasya* before *hetor*. T is ambiguous, but probably had *bhāvānāṃ niḥsvabhāvānām eva* (or possibly in the locative) before *hetor* and also *eva* after *astitvam*. The argument is that " if you suppose that the cause exists in reality and that all things (which include the cause) are without essence (so that the cause is at the same time really existent and without essence), that argument is not valid."

[2] *iti ca nopapannam*, R, against the metre and the reading in the repetition before kārikā 69.

[3] R om. *ccā*, but see the repetition.

[4] *svabhāvo 'san*, R and T; but C's reading followed above is unquestionably correct as giving the opponent's final conclusion. *Yataḥ* here means " and therefore ", a common use at the close of a verse.

[5] R adds *niḥsvabhāvyam* and T *niḥsvabhāvam* before *iti*, an obvious interpolation which C omits.

[6] T om. *ca*.

[7] T om. *iti*.

[8] R adds *prati na*.

[9] C omits *śaśa*, possibly rightly, as the argument applies equally well to real horns.

[10] T om. *iti*.

atrocyate / yattāvadbhavatoktaṃ

sarveṣāṃ bhāvānāṃ sarvatra na vidyate svabhāvaścet /
tvadvacanamasvabhāvaṃ na nivartayituṃ svabhāvamalamiti //

atra brūmaḥ /

hetupratyayasāmagryāṃ ca pṛṭhak cāpi[1] madvaco na yadi/
nanu śūnyatvaṃ siddhaṃ bhāvānām-asvabhāvatvāt // 21 //

yadi madvaco hetau nāsti mahābhūteṣu[2] saṃprayukteṣu viprayukteṣu vā[3], pratyayeṣu nāstyuraḥkaṇṭhauṣṭhajihvādantamūlatālu[4]-nāsikāmūrdhaprabhṛtiṣu yatneṣu, nobhayasāmagryāmasti[5], hetupratyayasāmagrīvinirmuktaṃ pṛthageva ca nāsti[6], tasmānniḥsvabhāvam[7], niḥsvabhāvatvācchūnyam / nanu[8] śūnyatvaṃ siddhaṃ niḥsvabhāvatvādasya madīyavacasaḥ / yathā caitanmadvacanaṃ niḥsvabhāvatvācchūnyaṃ tathā sarvabhāvā api[9] niḥsvabhāvatvācchūnyā[10] iti / tatra[11] yadbhavatoktaṃ tvadīyavacasaḥ śūnyatvācchūnyatā sarvabhāvānāṃ nopapadyata iti tanna /

kiṃ cānyat /

yaśca pratītyabhāvo bhāvānāṃ śūnyateti sā proktā[12]/
yaśca[13] pratītyabhāvo bhavati hi tasyāsvabhāvatvam // 22 //

[1] R omits the first *ca*, then reads *pṛthagbhāve 'pi* against the metre.
[2] *he nāsti mātohābhūteṣu*, R.
[3] *vāpi*, T.
[4] °*kaṇṭhojihvādantatālu*°, R.
[5] R om. *yatneṣu nobhayasā*.
[6] *pṛthag vāsti*, R.
[7] °*bhāvā*, R.
[8] R adds *evam* before *nanu*.
[9] R om. *api*.
[10] *chūnyam*, R.
[11] R om. *tatra*.
[12] R om. *bhāvo* and *sā proktā*; the restoration of the last word (*brjod*, T) is not certain.
[13] R om. *yaśca*.

śūnyatārthaṃ ca bhavān [1] bhāvānāmanavasāya pravṛtta upālambhaṃ vaktuṃ tvadvacanasya niḥsvabhāvatvādbhāvānāṃ [2] svabhāvapratiṣedho nopapadyata iti / iha hi yaḥ pratītyabhāvo bhāvānāṃ [3] sā śūnyatā / kasmāt / niḥsvabhāvatvāt / ye hi pratītyasamutpannā bhāvās te na sasvabhāvā bhavanti svabhāvābhāvāt / kasmāt [4] / hetupratyayasāpekṣatvāt [5] / yadi hi svabhāvato bhāvā bhaveyuḥ, pratyākhyāyāpi hetupratyayaṃ ca [6] bhaveyuḥ / na caivaṃ bhavanti / tasmānniḥsvabhāvā niḥsvabhāvatvācchūnyā ityabhidhīyante / evaṃ madīyamapi vacanaṃ pratītyasamutpannatvānniḥsvabhāvaṃ [7] niḥsvabhāvatvācchūnyamityupapannam / yathā ca pratītyasamutpannatvāt svabhāvaśūnyā api [8] rathapaṭaghaṭādayaḥ sveṣu sveṣu kāryeṣu kāṣṭhatṛṇamṛttikāharaṇe madhūdakapayasāṃ dhāraṇe śītavātātapaparitrāṇaprabhṛtiṣu vartante [9], evamidaṃ [10] madīyavacanaṃ pratītyasamutpannatvān [11] niḥsvabhāvamapi [12] niḥsvabhāvatvaprasādhane bhāvānāṃ [13] vartate / tatra yaduktaṃ niḥsvabhāvatvāt tvadīyavacanasya śūnyatvaṃ, śūnyatvāttasya ca tena [14] sarvabhāvasvabhāvapratiṣedho nopapanna iti tanna /

[1] *bhāvān*, R.

[2] The text is uncertain; it seems correct to follow T as reproducing the wording of kārikā 1. R reads *tvadvacanasya śūnyatvāt tvadvacanasya niḥsvabhāvatvād evaṃ tvadvacanena niḥsvabhāvena bhāvānām*. C suggests an original *tvadvacanaṃ śūnyaṃ niḥsvabhāvatvāt, tena niḥsvabhāvena bhāvānām*, which finds some confirmation in the last sentence of the commentary on this verse.

[3] R reads *pratītya bhāvānāṃ bhāvaḥ*.

[4] *tasmāt*, R; C om. *kasmāt*.

[5] °*pratyayāpekṣa*°, R.

[6] Should *ca* be omitted?

[7] °*samutpannaṃ tasmān niḥsvabhāvam*, T.

[8] R om. *api*.

[9] For the restoration of this sentence it is advisable to follow C, which gives the text, except that it appears to read °*prabhṛtiparitrāṇe*. T om. *ratha*, *kāṣṭhatṛṇamṛttikā* and *prabhṛtiṣu*. R has *kāṣṭhāhanamṛttikāharaṇaṃ ... dhāraṇam*. Better perhaps *rathaghaṭapaṭādayaḥ*, as suggested by T and the order of the following locatives.

[10] T om. *idam*, substituting probably *api*.

[11] *pratyayasamut*°, R.

[12] R om. *api*.

[13] *sādhanaṃ pratyayabhāvānām*, R.

[14] T om. *śūnyatvaṃ śūnyatvāt tasya ca tena*, but C apparently had the text also.

kiṃ cānyat /

nirmitako nirmitakaṃ māyāpuruṣaḥ svamāyayā sṛṣṭam /
pratiṣedhayeta[1] yadvat pratiṣedho 'yaṃ tathaiva syāt // 23 //

yathā nirmitakaḥ puruṣo 'nyaṃ nirmitakaṃ puruṣaṃ kasmiṃścidarthe vartamānaṃ[2] pratiṣedhayet, māyākāreṇa vā sṛṣṭo māyāpuruṣo 'nyaṃ māyāpuruṣaṃ svamāyayā sṛṣṭaṃ[3] kasmiṃścidarthe vartamānaṃ pratiṣedhayet, tatra yo nirmitakaḥ puruṣaḥ pratiṣidhyate so 'pi[4] śūnyaḥ / yaḥ pratiṣedhayati so 'pi śūnyaḥ[5] / yo māyāpuruṣaḥ pratiṣidhyate so 'pi śūnyaḥ / yaḥ pratiṣedhayati so 'pi[6] śūnyaḥ / evameva madvacanena śūnyenāpi[7] sarvabhāvānāṃ svabhāvapratiṣedha upapannaḥ / tatra yadbhavatoktaṃ[8] śūnyatvāttvadvacanasya sarvabhāvasvabhāvapratiṣedho nopapanna iti tanna / tatra yo bhavatā[9] ṣaṭkoṭiko vāda uktaḥ so 'pi tenaiva[10] pratiṣiddhaḥ / naiva hyevaṃ sati na sarvabhāvāntargataṃ madvacanaṃ, nāstyaśūnyam[11], nāpi sarvabhāvā aśūnyāḥ[12] /

yatpunarbhavatoktaṃ
atha sasvabhāvametadvākyaṃ pūrvā hatā pratijñā te /
vaiṣamikatvaṃ tasmin viśeṣahetuśca vaktavya iti //

[1] *pratiṣedhayate*, R; but grammar and the commentary require the optative. For the verse cf. MMK, XVII, 31, 32.

[2] So T, adding the necessary *anyam* from C. R has *yathā nirmitakaḥ puruṣam abhyāsataṃ tu kaścid arthena vartamānaṃ*.

[3] T omits *svamāyayā sṛṣṭam*, which should be quoted here from the verse; it is probably the phrase underlying R's reading, *māyāpuruṣa samanyāva tan na*. C omits the phrase both in the verse and here.

[4] R om. *api*.

[5] R om. *śūnyaḥ / yo*.

[6] R om. *pratiṣidhyate so 'pi śūnyaḥ / yaḥ pratiṣedhayati so 'pi*.

[7] R om. *api*.

[8] T om. *bhavatā*.

[9] R om. *tatra yo bhavatā*.

[10] *sa evaṃ*, R.

[11] *nāsti śūnyaṃ*, R.

[12] *śūnyaḥ*, R.

atrāpi brūmaḥ /

na svābhāvikametadvākyaṃ tasmānna vādahānirme/
nāsti ca vaiṣamikatvaṃ viśeṣahetuśca na nigadyaḥ // 24 //

na tāvanmamaitadvacanam [1] pratītyasamutpannatvāt svabhāvopapannam / yathā pūrvamuktaṃ svabhāvānupapannatvācchūnyamiti [2] / yasmāccedamapi madvacanaṃ śūnyaṃ śeṣā api sarvabhāvāḥ [3] śūnyāḥ, tasmānnāsti vaiṣamikatvam / yadi hi vayaṃ brūma idaṃ vacanamaśūnyaṃ śeṣāḥ sarvabhāvāḥ śūnyā iti tato vaiṣamikatvaṃ syāt [4] / na caitadevam / tasmānna vaiṣamikatvam / yasmācca vaiṣamikatvaṃ na saṃbhavatīdaṃ vacanamaśūnyaṃ śeṣāḥ punaḥ [5] sarvabhāvāḥ śūnyā iti, tasmādasmābhirviśeṣaheturna [6] vaktavyo 'nena hetunedaṃ [7] vacanamaśūnyaṃ sarvabhāvāḥ punaḥ [8] śūnyā iti / tatra yadbhavatoktaṃ [9] vādahāniste vaiṣamikatvaṃ ca viśeṣahetuśca tvayā vaktavya iti tanna /

yatpunarbhavatoktaṃ [10]
mā śabdavadityetatsyātte buddhirna caitadupapannam /
śabdena hyatra satā bhaviṣyato vāraṇaṃ tasyeti //
atra brūmaḥ /

mā śabdavaditi nāyaṃ dṛṣṭānto yastvayā samārabdhaḥ/
śabdena [11] tacca śabdasya vāraṇaṃ naivamevaitat [12] // 25 //

[1] R om. *etad; possibly na tāvad etan madvacanam.*
[2] R om. *iti.*
[3] T om. *sarva*, but has it in the next sentence.
[4] T adds *api.*
[5] T om. *punaḥ.*
[6] T om. *°viśeṣa°.*
[7] R om. *hetunā.*
[8] T om. *punaḥ.*
[9] T om. *bhavatā.*
[10] T om. *bhavatā.*
[11] R adds *hi* against the metre; alternatively read *śabdena hi tac chabdasya.*
[12] *naiva me vacaḥ*, R.

nāpyayamasmākaṃ dṛṣṭāntaḥ / yathā kaścinmā śabdaṃ kārṣīriti bruvan śabdameva karoti śabdaṃ ca pratiṣedhayati, tadvat tacchūnyaṃ vacanaṃ na [1] śūnyatāṃ pratiṣedhayati / kiṃ kāraṇam / atra hi dṛṣṭānte śabdena śabdasya vyāvartanaṃ kriyate / na caitadevam / vayaṃ brūmo niḥsvabhāvāḥ sarvabhāvā niḥsvabhāvatvācchūnyā iti [2] / kiṃ kāraṇam /

naiḥsvābhāvyānāṃ cennaiḥsvābhāvyena [3] vāraṇaṃ yadi hi/
naiḥsvābhāvyanivṛttau svābhāvyaṃ hi prasiddhaṃ syāt //26//

yathā mā śabdaṃ kārṣīriti [4] śabdena śabdasya vyāvartanaṃ kriyate, evam yadi naiḥsvābhāvyena vacanena naiḥsvābhāvyānāṃ bhāvānāṃ [5] vyāvartanaṃ kriyate tato 'yaṃ dṛṣṭānta upapannaḥ syāt / iha tu naiḥsvābhāvyena vacanena bhāvānāṃ svabhāvapratiṣedhaḥ kriyate / yadi [6] naiḥsvābhāvyena vacanena bhāvānāṃ [7] naiḥsvābhāvyapratiṣedhaḥ kriyate naiḥsvābhāvyapratiṣiddhatvādeva [8] bhāvāḥ [9] sasvabhāvā bhaveyuḥ / sasvabhāvatvādaśūnyāḥ syuḥ / śūnyatāṃ ca vayaṃ bhāvānāmācakṣmahe nāśūnyatāmityadṛṣṭānta evāyamiti [10] /

athavā nirmitakāyāṃ yathā striyāṃ strīyamityasadgrāham [11] /

[1] So T, supplying *de* before *ltar* in Tucci's text, as Y's translation shows he had it; *yadvat śūnyena vacanena*, R.

[2] *tvāt tad aśūnyam iti*, R.

[3] Here and several times more in this passages R has *naiḥsvabhāvya*.

[4] R om. *kārṣīr*.

[5] R om. *bhāvānām*.

[6] R inserts *evaṃ* before *yadi*.

[7] *niḥsvabhāvānām*, R.

[8] So T clearly; °*pratiṣedhād eva*, R.

[9] R om *bhāvāḥ*.

[10] T omits *iti* in both occurences here.

[11] e.c.: *striyam*, R; T om. *iyam*. R misprints *asaṅgrāhaṃ;* similarly in the commentary.

nirmitakaḥ pratihanyāt[1] kasyacidevaṃ bhavedetat // 27 //

athavā yathā [2] kasyacitpuruṣasya nirmitakāyāṃ striyāṃ svabhāvaśūnyāyāṃ paramārthataḥ strīyamityasadgrāhaḥ [3] syāt, evaṃ [4] tasyāṃ tenāsadgrāheṇa sa [5] rāgamutpādayet / [6] tathāgatena vā tathāgataśrāvakeṇa [7] vā nirmitako nirmitaḥ syāt / tathāgatādhiṣṭhānena vā tathāgataśrāvakādhiṣṭhānena vā [8] sa [9] tasya tamasadgrāhaṃ vinivartayet / evameva nirmitakopamena śūnyena madvacanena[10] nirmitakastrīsadṛśeṣu[11] sarvabhāveṣu niḥsvabhāveṣu yo 'yaṃ svabhāvagrāhaḥ sa[12] nivartyate / tasmādayamatra dṛṣṭāntaḥ śūnyatāprasādhanaṃ pratyupapadyamāno [13] netaraḥ /

athavā sādhyasamo 'yaṃ heturna hi vidyate dhvaneḥ sattā /
samvyavahāraṃ ca vayaṃ nānabhyupagamya kathayāmaḥ // 28 //

mā śabdavaditi sādhyasama evāyaṃ hetuḥ / kasmāt / sarvabhāvānāṃ naiḥsvābhāvyenāviśiṣṭatvāt [14] / na hi tasya dhvaneḥ pratītyasamutpannatvāt svabhāvasattā vidyate / tasyāḥ [15] svabhāvasattāyā avidyamānatvādyaduktaṃ

śabdena hyatra satā bhaviṣyato vāraṇaṃ tasyeti tadvyāhanyate /

[1] C omits *nirmitakaḥ pratihanyāt* in translating the verse.

[2] R om. *yathā*.

[3] *striyam*, R.

[4] T om. *evaṃ*.

[5] R om. *sa*.

[6] R inserts *tad yathā*.

[7] *tacchrāvakena*, R, but C supports T.

[8] T omits the reference to *adhiṣṭhāna*, but C has it.

[9] R om. *sa*.

[10] R om. *mad*.

[11] °*sā[illegible]veṣu*, R, which omits *sarvabhāveṣu*.

[12] T om. *ayam* and *sa*. R adds the gloss, *sa pratiṣidhyate*.

[13] *upapadyamāno* is odd, but occurs again at the end of the commentary on the next verse.

[14] *naiḥsvabhāvyenā°*, R.

[15] T om. *tasyāḥ* and has *evam* or *tathā* instead.

api ca na vayaṃ vyavahārasatyamanabhyupagamya vyavahārasatyaṃ [1] pratyākhyāya kathayāmaḥ śūnyāḥ sarvabhāvā iti / na hi vyavahārasatyamanāgamya śakyā dharmadeśanā kartum / yathoktaṃ

vyavahāramanāśritya paramārtho na deśyate /
paramārthamanāgamya nirvāṇaṃ nādhigamyata iti [2] //

tasmānmadvacanavacchūnyāḥ sarvabhāvāḥ sarvabhāvānāṃ ca niḥsvabhāvatvamubhayathopapadyamānamiti /

yatpunarbhavatoktaṃ

pratiṣedhapratiṣedho [3] 'pyevamiti mataṃ bhavet tadasadeva
evaṃ tava pratijñā lakṣaṇato dūṣyate na mameti //

atra brūmaḥ /

yadi kācana pratijñā syānme tata eṣa [4] me bhaveddoṣaḥ /
nāsti ca mama pratijñā tasmānnaivāsti me doṣaḥ // 29 //

yadi ca kācinmama pratijñā syāt tato mama pratijñālakṣaṇaprāptatvātpūrvako [5] doṣo yathā tvayoktastathā [6] mama syāt / na mama kācidasti pratijñā / tasmāt sarvabhāveṣu śūnyeṣvatyantopaśānteṣu prakṛtivivikteṣu kutaḥ pratijñā [7] / kutaḥ pratijñālakṣaṇaprāptiḥ [8] / kutaḥ pratijñālakṣaṇaprāptikṛto [9] doṣaḥ / tatra yadbhavatoktaṃ [10] tava [11] pratijñālakṣaṇaprāptatvāttavaiva doṣa iti tanna /

[1] T om. *vyavahārasatyam*, which C has as well as R. R transposes *anabhyupagamya* and *pratyākhyāya*.

[2] This verse is *MMK*, XXIV, 10.

[3] *pratiṣedhaḥ pratiṣedhyo*, R.

[4] *tatra syāt eṣa*, R; the verse is quoted *MMK*, p. 16, where the editor reads *eva* against the MSS.

[5] R inserts *sa* before *pūrvako*; T may have read *pūrvaṃgamo*.

[6] *tvayoktaṃ bhāvāḥ tathā*, R. T om. *mama*.

[7] R om. *kutaḥ pratijñā*.

[8] T om. *prāptiḥ*, which is shown by C, and it adds *api*.

[9] T seems to have had °*lakṣaṇasaṃbhavaś ca*. Would °*kṛte* be better?

[10] T om. *bhavatā*.

[11] R om. *tava*.

yatpunarbhavatoktaṃ

pratyakṣeṇa hi tāvadyadyupalabhya vinivartayasi[1] bhāvān /
tannāsti pratyakṣaṃ bhāvā yenopalabhyante //
anumānaṃ pratyuktaṃ pratyakṣeṇāgamopamāne ca /
anumānāgamasādhyā ye 'rthā dṛṣṭāntasādhyāśceti //

atra vayaṃ brūmaḥ /

yadi kiṃcidupalabheyaṃ[2] pravartayeyaṃ nivartayeyaṃ vā/
pratyakṣādibhirarthaistadabhāvānme 'nupālambhaḥ // 30 //

yadyahaṃ kaṃcidarthamupalabheyaṃ[3] pratyakṣānumānopamānāgamaiścaturbhiḥ[4] pramāṇaiścaturṇāṃ vā pramāṇānāmanyatamena[5], ata eva[6] pravartayeyaṃ vā nivartayeyaṃ vā / yathārthamevāhaṃ kaṃcinnopalabhe[7] tasmānna pravartayāmi na nivartayāmi / tatraivaṃ sati yo bhavatopālambha ukto yadi pratyakṣādīnāṃ pramāṇānāmanyatamenopalabhya bhāvānvinivartayasi[8] nanu tāni[9] pramāṇāni na santi taiśca pramāṇairapi[10] gamyā arthā na santīti[11] sa me bhavatyevānupālambhaḥ /

kiṃ cānyat /

yadi ca pramāṇataste[12] teṣāṃ teṣāṃ prasiddhirarthānām /

[1] R om *vi*.

[2] *upalabheya* would be better here and in the commentary; the verse is quoted MMK, p. 16.

[3] *kiṃcid*, R.

[4] R om. *mānāgamaiś ca*.

[5] *anyatamānyatamena*, R.

[6] *evaṃ*, R.

[7] R's MS. omits *nivartayeyaṃ vā / yathā*, and then has *artham evāhaṃ kiṃcin nopalabhate*.

[8] R adds *iti*.

[9] *bhavatoktāni*, R.

[10] T om. *pramāṇair api*.

[11] R om. *na santi*.

[12] R om. *te*; T omits one *teṣām* and adds *eva*, as if reading *pramāṇata eva bhavatas teṣām*.

teṣāṃ punaḥ prasiddhiṃ brūhi kathaṃ te[1] pramāṇānām // 31 //

yadi ca pramāṇatasteṣāṃ[2] teṣāmarthānāṃ prameyāṇāṃ prasiddhiṃ[3] manyase yathā mānairmeyānām[4], teṣāmidānīṃ pratyakṣānumānopamānāgamānāṃ caturṇāṃ pramāṇānāṃ kutaḥ prasiddhiḥ / yadi tāvanniṣpramāṇānāṃ pramāṇānāṃ syātprasiddhiḥ[5], pramāṇato 'rthānāṃ prasiddhiriti hīyate pratijñā / tathāpi[6] /

anyairyadi pramāṇaiḥ pramāṇasiddhirbhavettadanavasthā[7] /

yadi punarmanyase pramāṇaiḥ prameyāṇāṃ prasiddhisteṣāṃ pramāṇānāmanyaiḥ pramāṇaiḥ prasiddhirevamanavasthāprasaṅgaḥ[8] / anavasthāprasaṅge ko doṣaḥ[9] /

nādeḥ siddhistatrāsti naiva madhyasya nāntasya // 32 //

[10]anavasthāprasaṅga ādeḥ siddhirnāsti / kiṃ kāraṇam / teṣāmapi

[1] *teṣām*, R.

[2] T omits one *teṣām* and has *eva* instead.

[3] R om. *pra*.

[4] R inserts *tathā*.

[5] So R, after substituting *pramāṇānām* for *pramāṇair* and cutting out an interpolation which consists of 32 *cd* and the first words of the commentary on it. C is word for word the same as the text, but T, which is corrupt at the end, reads *yadi tāvat teṣāṃ pramāṇānām anyaiḥ pramāṇaiḥ prasiddhiḥ syāt*, or *prasiddhir na syāt*, according as one reads *yod par ḥgrub la* or *med par ḥgrub la*. The argument is that according to the Naiyāyika system the principle is that *arthas* can only be proved by *pramāṇas*; but the *pramāṇas* are themselves *arthas*, and therefore if they are not proved by other *pramāṇas*, the principle does not hold. But this is repeated under kārikā 33, and the text seems to have already been out of order by C's time, as it has the argument of 32 *ab* in the commentary under 30 and does not treat 32 as a kārikā. It might therefore be better to omit the entire sentence. Note that Vātsyāyana in the opening of his *bhāṣya* on the *Nyāyasūtras* puts the function of the *pramāṇas* in different language, so that his statements could not be twisted in the way Nāgārjuna twists his opponent's views here.

[6] *athāpi*, T.

[7] e.c.: *bhavaty anavasthā*, R, one mora short. The optative is required, but T gives no help for the missing syllable.

[8] R om. *evam*; *ity evam* would be better.

[9] T adds *tatraivaṃ brūmaḥ*.

[10] R adds *asya* at the beginning.

hi pramāṇānāmanyaiḥ pramāṇaiḥ prasiddhisteṣāmanyairiti[1] nāstyādiḥ / āderasadbhāvāt kuto madhyaṃ kuto 'ntaḥ / tasmātteṣāṃ pramāṇānāmanyaiḥ pramāṇaiḥ prasiddhiriti yaduktaṃ tannopapadyata [2] iti /

teṣāmatha pramāṇairvinā prasiddhirvihīyate vādaḥ /
vaiṣamikatvaṃ tasminviśeṣahetuśca vaktavyaḥ // 33 //

atha manyase teṣāṃ pramāṇānāṃ vinā pramāṇaiḥ [3] prasiddhiḥ, prameyāṇāṃ punarartħānāṃ pramāṇaiḥ prasiddhiriti, evaṃ sati yaste vādaḥ pramāṇaiḥ prasiddhirarthānām iti sa [4] hīyate / vaiṣamikatvaṃ ca bhavati keṣāṃcidarthānāṃ pramāṇaiḥ prasiddhiḥ keṣāṃcinneti / viśeṣahetuśca vaktavyo yena hetunā keṣāṃcidarthānāṃ pramāṇaiḥ prasiddhiḥ keṣāṃcinneti / sa ca nopadiṣṭaḥ [5] / tasmādiyamapi kalpanā nopapanneti [6] /

atrāha / pramāṇānyeva [7] svātmānaṃ parātmānaṃ ca prasādhayanti / yathoktaṃ

dyotayati svātmānaṃ yathā hutāśastathā parātmānam /
svaparātmānāvevaṃ prasādhayanti pramāṇānīti //

yathāgniḥ svātmānaṃ parātmānaṃ ca prakāśayati tathaiva pramāṇāni prasādhayanti [8] svātmānaṃ parātmānaṃ ceti /

atrocyate /

viṣamopanyāso 'yaṃ na hyātmānaṃ prakāśayatyagniḥ /
na hi tasyānupalabdhirdṛṣṭā tamasīva kumbhasya // 34 //

[1] T has *atra* for *iti*.

[2] R om. iti *yad uktaṃ tan*, but C supports T.

[3] T adds *api*.

[4] R om. *sa*.

[5] *sā ca nopadiṣṭā*, R.

[6] T om. *iyam* and *iti*.

[7] R adds *mama*.

[8] R omits from *iti* at the end of the verse to *prasādhayanti* inclusive, having simply *param iva*.

viṣama evopanyāso 'gnivat pramāṇāni svātmānaṃ ca prasādhayanti parātmānaṃ ca prasādhayantīti [1] na hyagnirātmānaṃ prakāśayati [2] / yathā prāgevāgnināprakāśitastamasi kumbho nopalabhyate 'thottarakālamupalabhyate [3] 'gninā prakāśitaḥ san, evameva yadyaprakāśitaḥ prāgagnistamasi syād[4]uttarakālamagneḥ prakāśanaṃ syāt, ataḥ svātmānaṃ prakāśayet / na caitadevam [5] / tasmādiyamapi kalpanā nopapadyata iti [6] /

kiṃ cānyat /

y a d i c a [7] s v ā t m ā n a m a y a ṃ t v a d v a c a n e n a
p r a k ā ś a y a t y a g n i ḥ /
p a r a m i v a n a n v ā t m ā n a ṃ p a r i d h a k ṣ y a t y a p i
h u t ā ś a ḥ [8] // 35 //

yadi ca tvadvacanena yathā parātmānaṃ prakāśayatyagnirevameva svātmānamapi prakāśayati [9], nanu yathā parātmānaṃ dahatyevameva svātmānamapi dhakṣyati [10] / na caitadevam / tatra yaduktaṃ parātmānamiva svātmānamapi [11] prakāśayatyagnirit tanna /

kiṃ cānyat /

y a d i c a s v a p a r ā t m ā n a u t v a d v a c a n e n a
p r a k ā ś a y a t y a g n i ḥ /
p r a c c h ā d a y i ṣ y a t i t a m a h s v a p a r ā t m ā n a u i
h u t ā ś a i v ā [12] // 36 //

yadi ca bhavato matena svaparātmānau prakāśayatyagniḥ,

[1] T has merely *svaparātmānau prasādhayantīti.*

[2] R adds *yadi hi* at the beginning.

[3] T om. *atha.*

[4] *yady agninā na prakāśitaḥ prāg agnir naḥ syād*, R.

[5] R om. *ca.*

[6] T om. *tasmād* and *iti*, R *nopapadyanta.*

[7] R omits *ca* required by the metre; cf. the commentary.

[8] So R, leaving the line two morae short; T does not give any extra word. See p. 3 supra.

[9] R adds *agnir iti.*

[10] R adds *iti.*

[11] R om. *api.*

[12] Cf. MMK. VII, 12

nanvidānīṃ tatpratipakṣabhūtaṃ tamo[1] 'pi svaparātmānau chādayet / na caitad dṛṣṭam[2] / tatra yaduktaṃ svaparātmānau prakāśayatyagniriti tanna /

kiṃ cānyat /

nāsti tamaśca jvalane yatra ca tiṣṭhati parātmani[3] jvalanaḥ/
kurute kathaṃ prakāśaṃ sa hi prakāśo 'ndhakāravadhaḥ// 37 //

iha cāgnau nāsti tamo nāpi ca yatrāgnistatrāsti tamaḥ / prakāśaśca nāma tamasaḥ pratighātaḥ / yasmāccāgnau[4] nāsti tamo nāpi ca yatrāgnistatrāsti tamaḥ, tatra kasya[5] tamasaḥ pratighātamagniḥ karoti yasya pratighātādagniḥ[6] svaparātmānau prakāśayatīti[7] /

atrāha[8] / nanu[9] yasmādevaṃ[10] nāgnau tamo 'sti nāpi yatrāgnistatra tamo 'sti, tasmādeva[11] svaparātmānau na prakāśayatyagniḥ kutaḥ[12] / tena hyutpadyamānenaivāgninā tamasaḥ pratighātaḥ[13] / tasmānnāgnau tamo 'sti nāpi yatrāgnistatra tamo 'sti, yasmādutpadyamāna evobhayaṃ prakāśayatyagniḥ svātmānaṃ parātmānaṃ ceti / atrocyate /

utpadyamāna eva prakāśayatyagnirityasadvādaḥ/

[1] *nanv idānīṃ pratipakṣabhūtatamo*, R; T omits *idānīm* and *tamo;* C has *tamo*.

[2] So C; *naitad iṣṭam*, R; *na caitad evam*, T.

[3] *sadātmani*, R; *gżan na* (= *paratra*), T; "and in the place where (fire) itself and another are present", C. For the verse cf. MMK, VII, 9.

[4] e.c.; *tasmāc*, T; "if", C. R omits from *yasmāc* to *tatrāsti tamaḥ* inclusive.

[5] *katham asya*, R.

[6] R om. *agniḥ*.

[7] T om. *iti*.

[8] R om. *atra*.

[9] R substitutes *yat* for *nanu*.

[10] T omits *evaṃ*; which C has.

[11] *yasmād evaṃ*, R; T has dropped a word and may have had *yasmād eva* or *tasmād eva*, but the latter alone is possible.

[12] R puts *kutaḥ* at the end of next sentence, but T shows a question and C has no negative, so that the text reading alone meets the case.

[13] *pratigrahaḥ*, R.

utpadyamāna eva prāpnoti tamo na hi
hutāśaḥ[1] // 38 //

ayamagnirutpadyamāna eva prakāśayati svātmānaṃ parātmānaṃ ceti nāyamupapadyate vādaḥ / kasmāt / na hyutpadyamāna evāgnistamaḥ prāpnoti, aprāptatvānnaivopahanti tamasaścānupaghātānnāsti prakāśaḥ /

kiṃ cānyat /

aprāpto 'pi jvalano yadi vā punarandha-
kāramupahanyāt/
sarveṣu lokadhātuṣu tamo 'yamiha[2]
saṃsthito hānyat[3] // 39 //

athāpi manyase 'prāpto 'pyagnirandhakāramupahantīti nanvidānīmiha[4] saṃsthito 'gniḥ sarvalokadhātusthamupahaniṣyati tamastulyamayamaprāptaḥ[5] / na caitadevaṃ dṛṣṭam[6] / tasmādaprāpyaivāgnirandhakāramupahantīti yadiṣṭaṃ tanna /

kiṃ cānyat /

yadi svataśca[7] pramāṇasiddhiranapekṣya
tava[8] prameyāṇi/
bhavati pramāṇasiddhirna parāpekṣā
svataḥ siddhiḥ[9] // 40 //

yadi cāgnivat svataḥ pramāṇasiddhiriti manyase, anapekṣyāpi prameyānarthān[10] pramāṇānāṃ prasiddhirbhaviṣyati[11] / kiṃ kāra-

[1] Cf. MMK, VII, 10.

[2] *ya iha*, T.

[3] *saṃsthita upahanyāt*, R, against the metre. Cf. MMK, VII, 11, for the verse.

[4] T om. *idānīm*.

[5] *tulyāyām aprāptaḥ*, R; this use of *tulyam* seems to have no parallel, but there is no other way of reconstructing T from R, as the palaeographically better *tulyo 'yam* is hardly possible.

[6] T om. *dṛṣṭam*, which C has.

[7] *yadi ca svataḥ*, R, against the metre.

[8] *te*, R, against the metre.

[9] *parāpekṣā hi siddhir iti*, R; C, which apparently misunderstood the verse, has *svataḥ* twice. Cf. with the arguments of verses 40-50, MMK, x, 8-12.

[10] *prameyāṇi*, R.

[11] R om. *pra* and adds *iti* at the end.

ṇaṃ / na hi svataḥ siddhih [1] paramapekṣate / athāpekṣate na svataḥ siddhiḥ [2] /

atrāha yadi nāpekṣante prameyānarthān pramāṇāni ko doṣo bhaviṣyatīti / atrocyate /

anapekṣya hi prameyānarthān yadi te pramāṇasiddhiriti [3] /
na bhavanti kasyacidevamimāni tāni [4] pramāṇāni // 41 //

yadi prameyānarthānanapekṣya prasiddhirbhavati[5] pramāṇānāmityevaṃ tānīmāni[6] pramāṇāni na kasyacit pramāṇāni[7] bhavanti / evaṃ doṣaḥ / atha kasyacidbhavanti[8] pramāṇāni naivedānīmanapekṣya prameyānarthān pramāṇāni bhavanti /

atha matamapekṣya siddhisteṣāmityatra bhavati ko doṣaḥ[9] /
siddhasya sādhanaṃ syānnāsiddho 'pekṣate hyanyat // 42 //

athāpi matamapekṣya prameyānarthān pramāṇānāṃ siddhirbhavatīti, evaṃ[10] siddhasya pramāṇacatuṣṭayasya sādhanaṃ bhavati[11] / kiṃ kāraṇam[12] / na hyasiddhasyārthasyāpekṣaṇaṃ bhavati / na hyasiddho devadattaḥ kaṃcidarthamapekṣate / na ca siddhasya sādhanamiṣṭaṃ kṛtasya karaṇānupapatteriti [13] /

[1] R om. *siddhiḥ*.
[2] *prasiddhiḥ*, R.
[3] e.c.; *pramāṇasiddhir bhavati*, R, against the metre. T does not show *iti*, but cf. the commentary.
[4] R om. *tāni*.
[5] *siddhir*, R.
[6] R om. *evaṃ*; T om. *tāni* and adds *te* instead.
[7] T adds *api*.
[8] T adds *arthasya* after *kasyacid*, but C evidently did not have it, as it understands *kasyacid* to mean " of a certain man ".
[9] *iti a bhavato ko doṣaḥ*, R.
[10] R adds *hi sati* and T *te*.
[11] R adds *iti*.
[12] T omits *kiṃ kāraṇam*, which C has.
[13] *kāraraṇam anupa°*, R. T om. *iti*.

kiṃ cānyat /

sidhyanti hi prameyāṇyapekṣya yadi sarvathā pramāṇāni/
bhavati prameyasiddhirnāpekṣyaiva[1] pramāṇāni // 43 //

yadi prameyāṇyapekṣya pramāṇāni sidhyanti nedānīṃ pramāṇānyapekṣya prameyāṇi sidhyanti / kiṃ kāraṇam / na hi sādhyaṃ sādhanaṃ sādhayati sādhanāni ca kila prameyāṇāṃ pramāṇāni[2] /

kiṃ cānyat /

yadi ca prameyasiddhirnāpekṣyaiva[3] bhavati pramāṇāni/
kiṃ te pramāṇasiddhyā tani yadarthaṃ prasiddhaṃ tat // 44 //

yadi ca manyase 'napekṣyaiva pramāṇāni prameyāṇāṃ prasiddhirbhavatīti kimidānīṃ[4] te pramāṇasiddhyā paryanviṣṭayā / kiṃ kāraṇam / yadarthaṃ hi tāni pramāṇāni paryanviṣyeran te prameyā arthā vināpi[5] pramāṇaiḥ siddhāḥ / tatra kiṃ[6] pramāṇaiḥ kṛtyam /

atha tu pramāṇasiddhirbhavatyapekṣyaiva te prameyāṇi/
vyatyaya evaṃ sati te dhruvaṃ pramāṇaprameyāṇām // 45 //

athāpi[7] manyase 'pekṣyaiva prameyānarthān pramāṇāni bhavantīti[8] mā bhūtpūrvoktadoṣa iti kṛtvā, evaṃ te sati vyatyayaḥ

[1] *anapekṣyaiva*, R, against the metre and commentary.

[2] *pramāṇānām prameyāṇi*, T, but C also has the text.

[3] *anapekṣyaiva*, R, against the metre, but *nāpekṣya* here must be understood as a compound equivalent to *anapekṣya*.

[4] *°r bhavatīti kim i°* are apparently missing in R's MS. (Owing to damage at the end of the line?)

[5] R om. *api*.

[6] T adds *te*, which is not in C.

[7] R om. *api*.

[8] R omits *iti* and adds *evaṃ hi sati*.

pramāṇaprameyāṇāṃ bhavati / pramāṇāni te prameyāṇi bhavanti prameyaiḥ sādhitatvāt [1] / prameyāṇi ca pramāṇāni [2] bhavanti pramāṇānāṃ sādhakatvāt /

atha te pramāṇasiddhyā prameyasiddhiḥ prameyasiddhyā ca /
bhavati pramāṇasiddhirnāstyubhayasyāpi te siddhiḥ // 46 //

atha manyase pramāṇasiddhyā prameyasiddhirbhavati pramāṇāpekṣatvāt [3] prameyasiddhyā ca pramāṇasiddhirbhavati prameyāpekṣatvāditi, evaṃ te satyubhayasyāpi siddhirna bhavati [4] / kiṃ kāraṇam [5] /

sidhyanti hi pramāṇairyadi prameyāṇi tāni taireva /
sādhyāni ca prameyaistāni kathaṃ sādhayiṣyanti // 47 //

yadi hi pramāṇaiḥ prameyāṇi sidhyanti tāni ca [6] pramāṇāni taireva prameyaiḥ sādhayitavyāni nanvasiddheṣu prameyeṣu kāraṇasyāsiddhatvādasiddhāni kathaṃ sādhayiṣyanti prameyāṇi [7] /

sidhyanti ca prameyairyadi pramāṇāni tāni taireva /
sādhyāni ca pramāṇaistāni [8] kathaṃ sādhayiṣyanti // 48 //

yadi ca [9] prameyaiḥ pramāṇāni sidhyanti tāni ca prameyāṇi taireva pramāṇaiḥ sādhayitavyāni [10] nanvasiddheṣu pramāṇeṣu kāraṇasyāsiddhatvādasiddhāni kathaṃ sādhayiṣyanti pramāṇāni /

[1] *prasādhitatvāt*, T.
[2] R interchanges *prameyāṇi* and *pramāṇāni*.
[3] T may read *pramāṇāpekṣayā*, and similarly at the end of the next clause.
[4] R om. *bhavati*.
[5] R om. *kiṃ kāra*.
[6] R om. *ca*.
[7] R adds *iti*.
[8] *prameyais tāni*, R.
[9] R om. *ca*.
[10] R adds *iti*.

pitrā yadyutpādyaḥ putro yadi tena caiva putreṇa/
utpādyaḥ sa yadi pitā vada tatrotpādayati kaḥ kam//49//

yathāpi nāma [1] kaścid brūyātpitrā putra utpādanīyaḥ sa ca pitā tenaiva [2] putreṇotpādanīya iti, tatredānīṃ [3] brūhi kena ka utpādayitavya iti [4] / tathaiva khalu [5] bhavān bravīti pramāṇaiḥ prameyāṇi sādhayitavyāni tānyeva ca punaḥ [6] pramāṇāni taireva [7] prameyairiti [8], tatredānīṃ [9] te katamaiḥ katamāni sādhayitavyāni [10] /

kaśca pitā kaḥ putrastatra tvaṃ brūhi [11] tāvubhāvapi ca/
pitṛputralakṣaṇadharau yato bhavati no 'tra saṃdehaḥ [12]//50//

tayośca pūrvopadiṣṭayoḥ pitṛputrayoḥ [13] kataraḥ putraḥ kataraḥ pitā / ubhāvapi tāvutpādakatvāt pitṛlakṣaṇadharāvutpādyatvācca putralakṣaṇadharau / atra naḥ saṃdeho bhavati katarastatra pitā kataraḥ [14] putra iti / evameva yānyetāni bhavataḥ pramāṇaprameyāṇi tatra katarāṇi pramāṇāni katarāṇi prameyāṇi / ubhayānyapi hyetāni sādhakatvāt [15] pramāṇāni [16] sādhyatvāt prameyāṇi [17] / atra naḥ

[1] T omits *nāma*, and R adds *yad* before *yathāpi*.
[2] R om. *tenaiva*.
[3] T om. *idānīm*.
[4] R om. *iti*.
[5] T om *khalu*.
[6] T om. *ca* or *punaḥ*.
[7] R om. *r eva*.
[8] R om. *iti*, and T adds *sādhayitavyāni* before it.
[9] T om. *idānīm*.
[10] *prasādhayitavyāni*, T.
[11] R adds *katham*.
[12] *yato na putrasaṃdehaḥ*, R, against the metre and commentary; T has *tato* for *yato*.
[13] *pitāputrayoḥ vada*, R.
[14] R adds *tatra*.
[15] R omits *sādhakatvāt*, and T has *prasādhakatvāt*.
[16] R adds *tāni prameyāṇi*.
[17] R adds *iti*.

saṃdeho bhavati katarāṇyatra[1] pramāṇāni katarāṇi prameyāṇīti[2] /

naiva svataḥ prasiddhirna parasparataḥ parapramāṇairvā[3]/
na[4] bhavati na ca prameyairna cāpyakasmāt pramāṇānām // 51 //

na svataḥ prasiddhiḥ pratyakṣasya tenaiva pratyakṣeṇa, anumānasya tenaivānumānena, upamānasya tenaivopamānena, āgamasya tenaivāgamena / nāpi parasparataḥ pratyakṣasyānumānopamānāgamaiḥ, anumānasya pratyakṣopamānāgamaiḥ, upamānasya pratyakṣānumānāgamaiḥ, āgamasya pratyakṣānumānopamānaiḥ / nāpi pratyakṣānumānopamānāgamānāmanyaiḥ[5] pratyakṣānumānopamānāgamairyathāsvam / nāpi prameyaiḥ samastavyastaiḥ svaviṣayaparaviṣayasaṃgṛhītaiḥ[6] / nāpyakasmāt / nāpi[7] samuccayenaiteṣāṃ[8] kāraṇānāṃ pūrvoddiṣṭānāṃ viṃśattriṃśaccatvāriṃśatṣaṭviṃśatervā[9] / tatra yaduktaṃ[10] pramāṇādhigamyatvāt prameyāṇāṃ bhāvānāṃ santi ca te[11] prameyā bhāvāstāni ca pramāṇāni yaiste[12] pramāṇaiḥ prameyā bhāvāḥ[13] samadhigatā iti tanna /

yatpunarbhavatoktam /
kuśalānāṃ dharmāṇāṃ dharmāvasthāvidaśca manyante /
kuśalaṃ janāḥ svabhāvaṃ[14] śeṣeṣvapyeṣa viniyoga iti //
atra brūmaḥ /

[1] T om. *atra.*
[2] T om. *iti.*
[3] R om. *para.*
[4] R om. *na.*
[5] °*gamād anyaiḥ*, R.
[6] *viṣa[ya]tāgṛhītaiḥ*, R.
[7] *nāsti*, R.
[8] Both C and T take *nāpi samuccayena* as a seperate clause and evidently began the next one with *naiteṣām*, but this seems bad sense.
[9] °*viṃśatir vā*, R. If C and T's division is accepted, one should read *viṃśatibhir* (palaeographically better than °*viṃśatyā*).
[10] T adds *bhavatā.*
[11] R has *tu* for *te.*
[12] R reads *tu* for *te.*
[13] R adds *santaś ca bhāvāḥ.*
[14] *janasvabhāvaṃ manyante*, R.

kuśalānām dharmāṇāṃ dharmāvasthāvido bruvanti yadi [1] /
kuśalaṃ [2] svabhāvamevaṃ pravibhāgenābhidheyaḥ syāt // 52 //

kuśalānāṃ dharmāṇāṃ dharmāvasthāvidaḥ kuśalaṃ svabhāvaṃ [3] manyante / sa ca bhavatā pravibhāgenopadeṣṭavyaḥ syāt / ayaṃ sa kuśalaḥ svabhāvaḥ / ime te kuśalā dharmāḥ [4] / idaṃ tatkuśalaṃ vijñānam / ayaṃ sa [5] kuśalavijñānasvabhāvaḥ / evaṃ sarveṣām / na caitadevaṃ dṛṣṭam [6] / tasmādyaduktaṃ yathāsvam-upadiṣṭaḥ [7] svabhāvo dharmāṇāmiti tanna /

kiṃ cānyat /

yadi ca pratītya kuśalaḥ svabhāva utpadyate sa kuśalānām /
dharmāṇāṃ parabhāvaḥ svabhāva evaṃ [8] kathaṃ bhavati // 53 //

yadi ca kuśalānāṃ dharmānāṃ svabhāvo hetupratyayasāmagrīṃ pratītyotpadyate sa [9] parabhāvādutpannaḥ kuśalānāṃ dharmāṇāṃ kathaṃ svabhāvo bhavati / evamevākuśalaprabhṛtīnām [10] / tatra yaduktaṃ kuśalānām [11] dharmāṇāṃ kuśalaḥ svabhāvo 'pyupadiṣṭaḥ [12], evamakuśalādīnāṃ cākuśalādiriti [13] tanna /

kiṃ cānyat /

[1] *bruvate yat*, R, against the metre; the text follows the indications of C, but T has *gaṅ* (*yat*) and an optative would be better. Possibly therefore *bruvīran yat*.

[2] *kuśala*, R.

[3] *janasvabhāvaṃ*, R.

[4] R adds *iti*.

[5] R and T omit *sa*, required by the context.

[6] *na caitad upadiṣṭam*, T; but C as in text and R.

[7] C and R omit *yathāsvam*, which seems required.

[8] *eva*, R.

[9] R om. *sa*.

[10] T adds something like *yuktam*.

[11] *kuśalāvyākṛtānāṃ na*, R.

[12] R om. *'py u*.

[13] R omits *ca*, and T adds *svabhāva evopadiṣṭaḥ*.

atha na pratītya kiṃcitsvabhāva utpadyate sa kuśalānām/
dharmāṇāmevaṃ syādvāso na brahmacaryasya[1] // 54 //

atha manyase na kiṃcitpratītya kuśalānāṃ dharmāṇāṃ kuśalaḥ[2] svabhāva utpadyate, evamakuśalānāṃ dharmāṇāmakuśalaḥ, avyākṛtānāmavyākṛta[3] iti, evam satyabrahmacaryavāso bhavati / kiṃ kāraṇam / pratītyasamutpādasya hyevaṃ sati pratyākhyānaṃ bhavati / pratītyasamutpādasya pratyākhyānāt pratītyasamutpādadarśana[4]pratyākhyānaṃ bhavati / na hyavidyamānasya pratītyasamutpādasya darśanamupapadyamānaṃ bhavati / asati pratītyasamutpādadarśane dharmadarśanaṃ na bhavati / uktaṃ hi bhagavatā yo hi bhikṣavaḥ pratītyasamutpādaṃ paśyati sa dharmaṃ paśyatīti[5] / dharmadarśanābhāvād brahmacaryavāsābhāvaḥ /

athavā pratītyasamutpādapratyākhyānādduḥkhasamudayapratyākhyānaṃ bhavati / pratītyasamutpādo hi duḥkhasya samudayaḥ / duḥkhasamudayasya pratyākhyānādduḥkhapratyākhyānaṃ bhavati / asati hi samudaye tatkuto[6] duḥkhaṃ samudeṣyati / duḥkhapratyākhyānāt[7] samudayapratyākhyānācca duḥkhanirodhasya pratyākhyānaṃ bhavati[8] / asati hi duḥkhasamudaye[9] kasya prahāṇānnirodho bhaviṣyati / [duḥkhanirodhapratyākhyānānmārgasya pratyākhyānaṃ bhavati][10] / asati hi duḥkhanirodhe kasya prāptaye mārge bhaviṣyati duḥkhanirodhagāmī / evaṃ caturṇāmāryasatyānāmabhāvaḥ / teṣāmabhāvāc[11]chrāmaṇyaphalābhāvaḥ /

[1] Cf. MMK, XXIV, 18-30, for this passage.
[2] *kuśala*, R.
[3] T abridges the two last clauses to *evaṃ cākuśalādīnām*.
[4] °*darśanaṃ*, R; should it be °*darśanasya*?
[5] R om. *iti*. Quotation from the *Śālistambasūtra*.
[6] T om. *tat*.
[7] R om. *pratyākhyānāt*
[8] R om. *bhavati*.
[9] T takes this compound as a dvandva.
[10] Neither C, T, nor R have this sentence, which is essential to the context.
[11] R omits °*ḥ teṣām abhāvā*°, and has °*va*° only instead.

satyadarśanācchrāmaṇya[1]phalāni hi samadhigamyante [2] / śrāmaṇyaphalānāmabhāvādabrahmacaryavāsa iti [3] /

kiṃ cānyat /

nādharmo dharmo vā saṃvyavahārāśca laukikā na syuḥ /
nityāśca sasvabhāvāḥ[4] syurnityatvādahetumataḥ // 55 //

evaṃ sati pratītyasamutpādaṃ pratyācakṣāṇasya bhavataḥ ko doṣaḥ prasajyate / dharmo na bhavati / adharmo na bhavati / saṃvyavahārāśca laukikā na bhavanti[5] / kiṃ kāraṇaṃ / pratītyasamutpannaṃ hyetatsarvamasati [6] pratītyasamutpāde kuto bhaviṣyati[7] / api ca sasvabhāvo [8] 'pratītyasamutpanno nirhetuko nityaḥ syāt / kiṃ kāraṇam[9] / nirhetukā hi bhāvā[10] nityāḥ / [11]sa eva cābrahmacaryavāsaḥ prasajyeta [12] / svasiddhāntavirodhaśca [13] / kiṃ kāraṇam / anityā hi bhagavatā sarve saṃskārā nirdiṣṭāḥ / te sasvabhāvanityatvānnityā [14] hi bhavanti /

evamakuśa[15]leṣvavyākṛteṣu nairyāṇikādiṣu[16] ca doṣaḥ /
tasmātsarvaṃ saṃskṛtamasaṃskṛtaṃ te bhavatyeva[17] // 56 //

[1] °*darśanādiśrāma*°, R.
[2] R om. *hi sama*.
[3] T om. *iti*.
[4] So C, rightly as the commentary shows; *sarvabhāvāḥ*, R; *sarvadharmāḥ*, T. For the first line cf. MMK, XXIV, 33-36.
[5] *saṃbhavanti*, R.
[6] T adds *tasmin*.
[7] *saṃbhaviṣyati*, T possibly.
[8] C, T and R agree on the reading; sc. *bhāvaḥ?*
[9] T omits *kiṃ kāraṇam*, but C shows it.
[10] T omits *bhāvā*, which C has.
[11] R adds *tatra*.
[12] T omits *prasajyeta*, and R puts a daṇḍa before it.
[13] T om. *sva*, and R om. *ca*.
[14] R omits *sa*, which C and T have.
[15] *eṣa cākuśa*°, R, against the metre.
[16] *nairyāṇadiṣu*, R.
[17] *evam*, R.

yaścaiṣa kuśaleṣu dharmeṣu [1] nirdiṣṭaḥ kalpaḥ sa evākuśaleṣu, sa evāvyākṛteṣu, sa eva nairyāṇikaprabhṛtiṣu [2] / tasmātte [3] sarvamidaṃ saṃskṛtamasaṃskṛtaṃ saṃpadyate / kiṃ kāraṇam / hetau hyasatyutpādasthitibhaṅgā na bhavanti / utpādasthitibhaṅgeṣvasatsu [4] saṃskṛtalakṣaṇābhāvāt sarvaṃ saṃskṛtamasaṃskṛtaṃ saṃpadyate / tatra yaduktaṃ kuśalādīnāṃ bhāvānāṃ svabhāvasadbhāvādaśūnyāḥ sarvabhāvā iti tanna /

yatpunarbhavatoktaṃ

yadi ca na bhavetsvabhāvo dharmāṇāṃ niḥsvabhāva ityeva [5] /
nāmāpi bhavennaivaṃ [6] nāma hi nirvastukaṃ nāstīti //

atra brūmaḥ [7] /

yaḥ sadhbhūtaṃ nāmātra [8] brūyātsasvabhāva ityevam/
bhavatā prativaktavyo nāma brūmaśca na vayaṃ tat // 57 //

yo nāmātra [9] sadbhūtaṃ brūyātsasvabhāva iti sa bhavatā prativaktavyaḥ syāt / yasya sadbhūtaṃ [10] nāma svabhāvasya tasmāttenāpi svabhāvena sadbhūtena bhavitavyam [11] / na hyasadbhūtasya svabhāvasya [12] sadbhūtaṃ nāma bhavatīti [13] / na punarvayaṃ nāma sadbhūtaṃ brūmaḥ / tadapi hi bhāvasvabhāvasyā-

[1] R omits *dharmeṣu*, which C also has.

[2] R adds *doṣaḥ*, not in C or T; T adds *api* or *ca*.

[3] R om. *te*.

[4] *teṣv asatsu*, T.

[5] *bhāvānāṃ na svabhāva ity evam*, R.

[6] *bhaved evam*, R.

[7] R om. *iti / atra brūmaḥ*.

[8] e.c.; R and T om. *atra*.

[9] R om. *atra*.

[10] *sadbhūta*, R.

[11] This is R's version of the sentence, but *tasmāt* is clumsy; C simplifies and gives no help; T had something like *yady asadbhūto nāmavataḥ svabhāvas tasmāt tenāpi nāmnāsadbhūtasvabhāvena bhavitavyam*.

[12] T om. *svabhāvasya*.

[13] T om. *iti*.

bhāvānnāma niḥsvabhāvam [1], tasmācchūnyam [2], śūnyatvādasadbhūtam / tatra yadbhavatoktaṃ nāmasadbhāvātsadbhūtaḥ svabhāva iti tanna /

kiṃ cānyat /

n ā m ā s a d i t i   c a   y a d i d a ṃ   t a t k i ṃ   n u   s a t o
b h a v a t y u t ā p y a s a t a ḥ [3] /
y a d i   h i   s a t o   y a d y a s a t o   d v i d h ā p i   t e
h ī y a t e   v ā d a ḥ // 58 //

yaccaitannāmāsaditi tatkiṃ sato 'sato vā [4] / yadi hi satas tannāma [5] yadyasata ubhayathāpi pratijñā hīyate / tatra yadi tāvatsato nāmāsaditi [6] pratijñā hīyate / na hīdānīṃ tadasadidānīṃ sat / athāsato 'saditi [7] nāma [8], asadbhūtasya nāma na bhavati [9] / tasmādyā pratijñā nāmnaḥ [10] sadbhūtah svabhāva iti sā hinā /

kiṃ cānyat /

s a r v e ṣ ā ṃ   b h ā v ā n ā ṃ   ś ū n y a t v a ṃ   c o p a -
p ā d i t a ṃ   p ū r v a m /
s a   u p ā l a m b h a s t a s m ā d b h ā v a t y a y a ṃ   c ā -
p r a t i j ñ ā y ā ḥ // 59 //

iha cāsmābhiḥ pūrvameva sarveṣāṃ bhāvānāṃ vistarataḥ śūnyatvamupapāditam / tatra prāṅ nāmno 'pi śūnyatvamuktam / sa bhavānaśūnyatvaṃ[11] parigṛhya parivṛtto vaktuṃ yadi bhāvānāṃ

[1] R omits *bhāva* before *svabhāva* and reads *niḥsvabhāvatvāt*.

[2] R om. *tasmāc*, but should the reading be *niḥsvabhāvatvāc*, as suggested by the readings in the previous note?

[3] e.c.; *utāsataḥ*, R, against the metre; the alternative *uta vāsataḥ* would also be unmetrical.

[4] *sataḥ asataḥ*, R.

[5] R om. *tan*.

[6] *'āvat sat ' asad iti*, R.

[7] *athāsat asad iti*, R.

[8] R inserts *yā pratijñā* wrongly here instead of in the next sentence.

[9] R adds *astitvasvabhāva iti*.

[10] R om. *yā pratijñā nāmnaḥ*.

[11] *saṃbhavaṃ aśūnyatvam*, R: C as in text: T omits the entire sentence.

svabhāvo na syādasvabhāva iti nāmāpīdaṃ na syāditi [1] tasmādapratijño[2]pālambho [3] 'yaṃ bhavataḥ saṃpadyate / na hi vayaṃ nāma sadbhūtamiti brūmaḥ /

[4]yatpunarbhavatoktam

atha vidyate svabhāvaḥ sa ca dharmāṇāṃ na vidyate tasmāt /
dharmairvinā svabhāvaḥ sa yasya tadyuktamupadeṣṭumiti //

atra brūmaḥ [5] /

atha vidyate svabhāvaḥ sa ca dharmāṇāṃ na vidyata itīdam /
āśaṅkitaṃ yaduktaṃ bhavatyanāśaṅkitaṃ tacca // 60 //

na hi vayaṃ dharmāṇāṃ svabhāvaṃ pratiṣedhayāmo dharmavinirmuktasya vā kasyacidarthasya svabhāvamabhyupagacchāmaḥ / nanvevaṃ sati ya [6] upālambho bhavato yadi dharmā niḥsvabhāvāḥ kasya khalvidānīmanyasyārthasya dharmavinirmuktasya svabhāvo bhavati sa yuktamupadeṣṭumiti [7] dūrāpakṛṣṭamevaitadbhavati, upālambho na bhavati [8] /

[9]yatpunarbhavatoktaṃ

sata eva pratiṣedho nāsti ghaṭo geha ityayaṃ yasmāt /
dṛṣṭaḥ pratiṣedho 'yaṃ sataḥ svabhāvasya te tasmāditi //

atra brūmaḥ /

sata eva pratiṣedho yadi śūnyatvaṃ nanu prasiddham [10] idam /

[1] C seems to have misunderstood and translates as if reading *asvabhāvaṃ nāma syāt*.

[2] *tasmād prati°*, R.

[3] T adds *api*.

[4] T inserts *anyac ca*.

[5] R om. *iti / atra brūmaḥ*.

[6] T om. *ya*.

[7] *°diṣṭam iti*, R.

[8] R om. *upālambho na bhavati*.

[9] T inserts *anyac ca*.

[10] *nanv apratisiddham*, R, against the metre.

pratiṣedhayate hi bhavān bhāvānāṃ
niḥsvabhāvatvam // 61 //

yadi sata eva pratiṣedho bhavati nāsato bhavāṃśca sarvabhāvānāṃ[1] niḥsvabhāvatvaṃ pratiṣedhayati, nanu prasiddhaṃ[2] sarvabhāvānāṃ niḥsvabhāvatvam / tvadvacanena pratiṣedhasadbhāvān[3] niḥsvabhāvatvasya ca sarvabhāvānāṃ pratiṣiddhatvāt prasiddhā śūnyatā[4] /

pratiṣedhayase 'tha[5] tvaṃ śūnyatvaṃ
tacca nāsti śūnyatvam /
pratiṣedhaḥ sata iti te nanveṣa[6] vihīyate vādaḥ // 62 //

atha[7] pratiṣedhayasi tvaṃ sarvabhāvānāṃ niḥsvabhāvatvaṃ śūnyatvaṃ nāsti tacca śūnyatvam, yā tarhi te pratijñā sataḥ pratiṣedho bhavati nāsata iti sā hīnā /

kiṃ cānyat /

pratiṣedhayāmi nāhaṃ kiṃcit pratiṣedhyamasti na ca kiṃcit /
tasmātpratiṣedhayasītyadhilaya eṣa[8] tvayā kriyate // 63 //

[9]yadyahaṃ kiṃcitpratiṣedhayāmi tatastadapi tvayā[10] yuktameva vaktuṃ syāt / na caivāhaṃ kiṃcitpratiṣedhayāmi, yasmānna[11]

[1] R om. *bhavāṃś ca sarva.*

[2] *pratisiddham*, R.

[3] R adds *yasi tvam* after *pratiṣedha.*

[4] *pratiṣiddhā śūnyeti*, R.

[5] °*ṣedhayase atha*, R; alternatively read *ṣedhayasy atha.*

[6] R om. *ṣa.*

[7] R adds *śūnyatvam.*

[8] *eva*, R. *Adhilaya* (preferably read *skur pa* for *bkur pa* in T), " calumny ", seems to be known only from Mādhyamika works; cf. *MMK*, Index s.v.

[9] R inserts *evam api tu kṛtvā.*

[10] R om. *tad api tvayā; pratiṣedhayeyam* would be better grammar than *pratiṣedhayāmi.*

[11] *tasmān na*, R. The text follows T in dividing the sentences, but it would be possible to take *yasmān* with the following *tasmāc.*

kiṃcitpratiṣeddhavyamasti [1] / tasmācchūnyeṣu sarvabhāveṣvavidyamāne pratiṣedhye pratiṣedhe ca [2] pratiṣedhayasītyeṣa tvayāprastuto [3] 'dhilayaḥ kriyata iti [4] /

[5]yatpunarbhavatoktam

atha nāsti sa svabhāvaḥ kiṃ nu pratiṣidhyate tvayānena /
vacanenarte vacanātpratiṣedhaḥ sidhyate hyasata iti [6] //

atra brūmaḥ /

yaccāharte [7] vacanādasataḥ pratiṣedhavacanasiddhiriti/
atra jñāpayate vāgasaditi tanna pratinihanti // 64 //

yacca bhavān bravīti, ṛte 'pi [8] vacanādasataḥ pratiṣedhaḥ prasiddhaḥ, tatra kiṃ niḥsvabhāvāh sarvabhāvā ityetattvadvacanaṃ[9] karotīti, atra brūmaḥ / niḥsvabhāvāḥ sarvabhāvā[10] ityetatkhalu vacanaṃ na niḥsvabhāvāneva[11] sarvabhāvān karoti / kiṃtvasati svabhāve bhāvā niḥsvabhāvā iti [12] jñāpayati / tadyathā [13] kaścidbrūyādavidyamānagṛhe devadatte 'sti [14] gṛhe devadatta iti / tatrainaṃ kaścitpratibrūyān nāstīti / na tadvacanaṃ devadatta-

[1] T adds *ca* or *api* after *kiṃcit*.

[2] R om. *pratiṣedhe ca*, but C has it too.

[3] e.c.; *tvayātra sadbhūto*, R. T does not show *atra*, and its *thog tu mi babs pa* means something like " missing the mark ", " not meeting the case ", and C translates " contrary to reason and perverse ". In view of R's extraordinary distortions the conjectural restoration is palaeographically possible.

[4] T om. *iti*.

[5] T adds *anyac ca*.

[6] R. om. *iti*.

[7] *yac cāham te*, R; *yac cāha* is represented by *źe na* in T.

[8] *sato pi*, R. T adds *asati ca vacane* before *rte*.

[9] R om. *tvad*.

[10] R om. *°ḥ sarvabhāvā*.

[11] R om. *eva*.

[12] *kintv asatsvabhāvo bhāvānām asatsvabhāvānām iti*, R

[13] *tatra*, R.

[14] *Devadattās tom asti*, R. *avidyamānagṛha* is a curious compound but occurs in other texts.

syāsadbhāvaṃ [1] karoti kiṃtu jñāpayati kevalamasaṃbhavaṃ [2] gṛhe devadattasya [3] / tadvannāsti svabhāvo bhāvānāmityetadvacanaṃ na bhāvānāṃ [4] niḥsvabhāvatvaṃ karoti kiṃtu sarvabhāveṣu [5] svabhāvasyābhāvaṃ jñāpayati / tatra yadbhavatoktaṃ kimasati svabhāve nāsti svabhāva ityetadvacanaṃ karoti, ṛte 'pi vacanāt prasiddhaḥ [6] svabhāvasyābhāva iti tanna [7] yuktam /

anyacca [8] /

bālānāmiva mithyā [9] mṛgatṛṣṇāyāṃ [10] yathājalagrāhaḥ /
evaṃ mithyāgrāhaḥ syātte pratiṣedhyato [11] hyasataḥ //

ityādayo yā punaścatasro gāthā bhavatoktā [12] atra brūmaḥ

mṛgatṛṣṇādṛṣṭānte yaḥ punaruktas[13]-
tvayā mahāṃścarcaḥ /
tatrāpi nirṇayaṃ śṛṇu yathā sa dṛṣṭānta
upapannaḥ // 65 //

ya eta tvayā [14] mṛgatṛṣṇādṛṣṭānte mahāṃścarca uktastatrāpi yo nirṇayaḥ sa śrūyatāṃ yathopapanna eṣa [15] dṛṣṭānto bhavati /

sa yadi svabhāvataḥ syād grāho [16] na
syātpratītya saṃbhūtaḥ [17] /

[1] *na ta Devadattasya saṃbhavaṃ*, R; T shows that R has interchanged *saṃbhava* and *asadbhāva* in this sentence.
[2] *asadbhāvam*, R.
[3] R adds *iti*.
[4] *svabhāvānāṃ*, R.
[5] R om. *kiṃtu sarva*. T interpolates a parallel with a *māyāpuruṣa*, which is not found in C or R.
[6] *prasiddhiḥ*, R.
[7] *tat te na*, R.
[8] *yad uktam*, R.
[9] R om. *mithyā*.
[10] R adds *sa*.
[11] *prasidhyate*, R.
[12] *yat punar bhavato mṛgatṛṣṇāyām ity*, R.
[13] *uktam*, R.
[14] T adds *tasmin*.
[15] R omits *yathā* and reads *eva* for *eṣa*.
[16] *bhāvo*, R.
[17] *samudbhūtaḥ*, R, against the metre.

yaśca pratītya bhavati grāho nanu śūnyatā saiva // 66 //

yadi [1] mṛgatṛṣṇāyāṃ sa yathājalagrāhaḥ svabhāvataḥ syānna syātpratītyasamutpannaḥ / yato mṛgatṛṣṇāṃ ca pratītya viparītaṃ ca darśanaṃ pratītyāyoniśomanaskāraṃ [2] ca pratītya syādudbhūto 'taḥ pratītyasamutpannaḥ / yataśca pratītyasamutpanno 'taḥ svabhāvataḥ śūnya eva / yathā pūrvamuktaṃ tathā /

kiṃ cānyat /

yadi ca svabhāvataḥ syād grāhaḥ kastaṃ nivartayed [3] grāham /
śeṣeṣvapyeṣa vidhistasmādeṣo [4] 'nupālambhaḥ // 67 //

yadi ca mṛgatṛṣṇāyāṃ jalagrāhaḥ svabhāvataḥ syāt ka eva taṃ vinivartayet / na hi svabhāvaḥ śakyo vinivartayituṃ [5] yathā[6]gneruṣṇatvamapāṃ dravatvamākāśasya nirāvaraṇatvam / dṛṣṭaṃ cāsya vinivartanam / tasmācchūnyasvabhāvo grāhaḥ [7] / yathā [8] caitadevaṃ śeṣeṣvapi dharmeṣveṣa kramaḥ pratyavagantavyo grāhyaprabhṛtiṣu [9] pañcasu / tatra yadbhavatoktaṃ ṣaṭkabhāvādaśūnyāḥ [10] sarvabhāvā iti tanna /

yatpunarbhavatoktaṃ [11]
hetośca te na siddhirnaiḥsvābhāvyātkuto hi te hetuḥ /
nirhetukasya siddhirna copapannāsya te 'rthasyeti //
atra brūmaḥ /

[1] R adds *ca*.
[2] T om. *pratītya*.
[3] *vinivartayed*, R, against the metre.
[4] *tasmād oṣo*, R.
[5] *nivartayitum*, R.
[6] *tathā°*, R.
[7] *grāhyaḥ*, R.
[8] *yadā*, R.
[9] *°pravṛttiṣu*, R.
[10] R omits *toktaṃ ṣaṭkabhā*, and T omits *bhavatā*.
[11] T has *anyac ca* instead.

e t e n a h e t v a b h ā v a ḥ p r a t y u k t a ḥ p ū r v a m -
e v a s a s a m a t v ā t /
m ṛ g a t ṛ ṣ ṇ ā d ṛ ṣ ṭ ā n t a v y ā v ṛ t t i v i d h a u y a u k
t a ḥ p r ā k // 68 //

etena ceďānīṃ carcena pūrvoktena hetvabhāvo 'pi pratyukto [1] 'vagantavyaḥ / ya eva hi carcaḥ pūrvasmin hetāvuktaḥ ṣaṭkapratisedhasya sa evehāpi [2] carcayitavyaḥ /

yatpunarbhavatoktaṃ

pūrvaṃ cetpratiṣedhaḥ paścātpratiṣedhyamityanupapannam /
paścāccānupapanno yugapacca yataḥ svabhāvaḥ sanniti [3] //
atra brūmaḥ /

y a s t r a i k ā l y e h e t u ḥ p r a t y u k t a ḥ p ū r v a m -
e v a s a s a m a t v ā t /
t r a i k ā l y a p r a t i h e t u ś c a ś ū n y a t ā v ā d i n ā ṃ
p r ā p t a ḥ // 69 //

ya eva [4] hetustraikālye pratiṣedhavācī sa uktotaraḥ pratyavagantavyaḥ [5] / kasmāt / sādhyasamatvāt / tathā hi tvadvacanena pratiṣedhastraikālye 'nupapannapratiṣedhavatsa pratiṣedhyo 'pi [6] / tasmāt pratiṣedhapratiṣedhye 'sati yadbhavān [7] manyate pratiṣedhaḥ pratiṣiddha [8] iti tanna / yastrikālapratiṣedhavācī [9] hetureṣa eva śūnyatāvādināṃ prāptaḥ sarvabhāvasvabhāvapratiṣedhakatvān [10] na bhavataḥ /

[1] R om. *ukto*.
[2] R om. *dhasya sa eve*.
[3] *svabhāvo 'san*, R and T (cf. note on verse 20). R om. *iti*.
[4] e.c.; *eṣa*, R; T omits the word.
[5] *pratyavamantaḥ*, R; T omits the word, but C has it.
[6] R mutilates this sentence, reading *yathā hi pratiṣedhas traikalye nopapa pratiṣedhapratiṣedhe 'pi*. C supports T, having " Just as the *pratiṣedha* of the *traikālya* is *anupapanna*, (vour) words too are included among the *pratiṣedhapratiṣedhya* things ".
[7] R om. *yad*.
[8] *pratisi*, R; C seems to have had *prāptaḥ*.
[9] *yataś caiṣa trikāla°*, R; *yaś ca trikāla°* might be better.
[10] T om. *svabhāva*.

athavā kathametaduktottaram /

pratiṣedhayāmi nāhaṃ kiṃcitpratiṣedhyamasti na ca kiṃcit /
tasmāt pratiṣedhayasītyadhilaya eṣa tvayā kriyate //

iti pratyuktam [1] / atha manyase triṣvapi kāleṣu pratiṣedhaḥ siddhaḥ [2], dṛṣṭaḥ pūrvakālīno 'pi hetuḥ, uttarakālīno 'pi, yugapatkālīno 'pi hetuḥ, tatra [3] pūrvakālīno heturyathā [4] pitā putrasya [5], paścātkālīno yathā śiṣya ācāryasya, yugapatkālīno yathā pradīpaḥ prakāśasyetyatra brūmaḥ / na caitadevam / uktā [6] hyetasmin krame trayaḥ [7] pūrvadoṣāḥ / api ca yadyevam [8], pratiṣedhasadbhāvastvayābhyupagamyate [9] pratijñāhāniśca te bhavati / etena krameṇa svabhāvapratiṣedho 'pi siddhaḥ [10] /

prabhavati ca śūnyateyaṃ yasya prabhavanti tasya sarvārthāḥ/
prabhavati na tasya kiṃcinna prabhavati [11] śūnyatā yasya [12] // 70 //

yasya śūnyateyaṃ prabhavati tasya sarvārthā laukikalokottarāḥ prabhavanti / kiṃ kāraṇam / yasya hi śūnyatā prabhavati tasya pratītyasamutpādaḥ prabhavati / yasya pratītyasamutpādaḥ prabhavati tasya catvāryāryasatyāni prabhavanti / yasya catvāryāryasatyāni prabhavanti tasya [13] śrāmaṇyaphalāni prabhavanti [14], sarva-

[1] R om. *pratyuktam*.

[2] R omits *pratiṣedhaḥ siddhaḥ*, which C has too.

[3] *katham*, R.

[4] R om. *hetur*.

[5] R inserts *tvadvacanena*.

[6] *na caitad eva yuktā*, R.

[7] R omits *krame*, and T omits *trayaḥ* which C has.

[8] R adds *kramaḥ*.

[9] °*bhāvatve yā*°, R. T adds *tasminn asiddhe*.

[10] R omits *etena krameṇa* and '*pi siddhaḥ*; C has the latter.

[11] *kinna bhavati*, R (two syllables short). For the verse cf. *MMK*, xxiv, 14; Candrakīrti's commentary there follows closely Nāgārjuna's commentary here.

[12] R adds *iti*.

[13] R omits *prabhavanti tasya*, which is found in C and in T.

[14] R om. *pra*.

viśeṣādhigamāḥ prabhavanti [1] / yasya sarvaviśeṣādhigamāḥ prabhavanti tasya trīṇi ratnāni buddhadharmasaṃghāḥ prabhavanti / yasya pratītyasamutpādaḥ prabhavati tasya dharmo dharmaheturdharmaphalaṃ ca prabhavanti [2], tasyādharmo 'dharmaheturadharmaphalaṃ ca prabhavanti / yasya dharmādharmau dharmādharmahetū dharmādharmaphale ca prabhavanti [3] / tasya kleśaḥ kleśasamudayaḥ kleśavastūni [4] ca prabhavanti / yasyaitatsarvaṃ prabhavati [5] pūrvoktaṃ tasya sugatidurgativyavasthā sugatidurgatigamanaṃ sugatidurgatigāmī mārgaḥ [6] sugatidurgativyatikramaṇaṃ [7] sugatidurgativyatikramopāyaḥ sarvasaṃvyavahārāśca laukikā vyavasthāpitāḥ [8] / svayamadhigantavyā anayā diśā kiṃcicchakyaṃ vacanenopadeṣṭumiti [9] /

bhavati cātra

yaḥ śūnyatāṃ pratītyasamutpādaṃ madhyamāṃ pratipadaṃ ca[10] /
ekārthāṃ nijagāda praṇamāmi tamapratimabuddhaṃ [11] //
iti [12] kṛtiriyamācāryanāgārjunapādānām //

[1] R om. *pra*. T abridges these three sentences, reading *yasya hi śūnyatā prabhavati tasya pratītyasamutpādaś catvāry āryasatyāni śrāmaṇyaphalāni sarvaviśeṣādhigamāḥ prabhavanti*; but C corroborates R, except that it omits the reference to the *śrāmaṇyaphalāni*.

[2] *prabhavati*, R, and again in the next clause. C inserts *yasya dharmo dharmahetuś ca dharmaphalaṃ ca prabhavanti*.

[3] R omits this clause, which both C and T have, but the exact wording is uncertain.

[4] °*vastuno*, R.

[5] R om. *pra*.

[6] *sattvaḥ*, T; C perhaps read *dharmaḥ*. The reading is therefore uncertain.

[7] R adds *gamana* after *durgati*.

[8] R om. *vyavasthāpitāḥ*.

[9] R omits *na*, and T omits *iti*.

[10] *pratipadam anekārthām*, R, against the metre and leaving the next line defective.

[11] *apratimasaṃbuddham*, R, against the metre.

[12] T om. *iti*.

INDEX OF KĀRIKĀS

atha tu pramāṇasiddhir 45
atha te pramāṇasiddhyā 46
atha na pratītya kiṃcit 54
atha nāsti sa svabhāvaḥ 12
atha naivāsti grāho 15
atha matamapekṣya siddhis 42
athavā nirmitakāyāṃ 27
athavā sādhyasamo 'yaṃ 28
atha vidyate svabhāvaḥ 10, 60
atha sasvabhāvametad 2
atha hetorastitvaṃ 19
anapekṣya hi prameyān 41
anumānaṃ pratyuktaṃ 6
anyairyadi pramāṇaiḥ 32
aprāpto 'pi jvalano 39
utpadyamāna eva 38
etena hetvabhāvaḥ 68
evamakuśaleṣv 56
kaśca pitā kaḥ putraḥ 50
kuśalānāṃ dharmāṇāṃ 7, 52
teṣāmatha pramāṇair 33
nanvevaṃ satyasti 14
na svābhāvikametad 24
nādharmo dharmo vā 55
nāmāsaditi ca yadidaṃ 58
nāsti tamaśca jvalane 37
nirmitako nirmitakaṃ 23
nairyāṇikasvabhāvo 8
naiḥsvābhāvyānāṃ cen 26
naiva svataḥ prasiddhir 51
pitrā yadyutpādyaḥ 49
pūrvaṃ cetpratiṣedhaḥ 20
pratiṣedhaḥ pratiṣedhyaṃ 16
pratiṣedhapratiṣedho 4
pratiṣedhayase 'tha tvaṃ 62
pratiṣedhayāmi nāhaṃ 63
pratyakṣeṇa hi tāvat 5
prabhavati ca śūnyateyaṃ 70
bālānāmiva mithyā 13
mā śabdavaditi nāyaṃ 25
mā śabdavadityetad 3
mṛgatṛṣṇādṛṣṭānte 65
yaḥ sadbhūtaṃ nāmātra 57
yaccāharte vacanād 64
yadi kācana pratijñā 29
yadi kiṃcidupalabheyaṃ 30
yadi ca na bhavetsvabhāvo 9
yadi ca pratītya kuśalaḥ 53
yadi ca pramāṇataste 31
yadi ca prameyasiddhir 44
yadi ca svaparātmānau 36
yadi ca svabhāvataḥ syāt 67
yadi ca svātmānamayaṃ 35
yadi cāhetoḥ siddhiḥ 18
yadi svataśca pramāṇa 40
yaśca pratītyabhāvo 22
yastraikālye hetuḥ 69
viṣamopanyāso 'yaṃ 34
sata eva pratiṣedho 11, 61
sa yadi svabhāvataḥ syāt 66
sarveṣāṃ bhāvānāṃ 1, 59
sidhyanti ca prameyair 48
sidhyanti hi pramāṇair 47
sidhyanti hi prameyāṇy 43
hetupratyayasāmagryāṃ 21
hetośca te na siddhir 17

PART III
English Translation

INTRODUCTION

Though only a 'minor work' in form, as regards its contents the *Vigrahavyāvartanī*[1] is a fundamental text of Madhyamaka, as well as of the early Indian dialectical (*vāda*) tradition. Not only does it admirably illustrate the dialectical method followed by Nāgārjuna, the founder of the school, but it also clarifies the idea of Voidness (*śūnyatā*) which has been so often misunderstood, not only in modern times and abroad, but in India itself, and in Nāgārjuna's own time. 'You have not understood the meaning of the voidness of the things', says Nāgārjuna to his opponent—a Naiyāyika (commentary on v. XXII).

Written after Nāgārjuna's major work, the *Mūlamadhyamaka-kārikās* (from which it quotes a verse: commentary on v. XXVIII), the *Vigrahavyāvartanī* is undoubtedly one of his best works and shows **him in all that is peculiar to him, above all in his imperturbable consist**ency'—as E. Frauwallner observed[2].

In refuting the logician's criticisms, Nāgārjuna does not disdain formal logic. Why are all things 'void' (*śūnya*) or 'devoid of an intrinsic nature' (*niḥsvabhāva*) ? Nāgārjuna's 'reason' (*hetu*) is that all things are 'dependently originated' (*pratītyasamutpanna*)[3]. But the best way for him to refute his opponent's criticisms is to show the inner contradictions of the latter's thought and to use against him his own logic[4]. And that, I think, he does admirably well. We find here, especially, a brilliant criticism of the *pramāṇas* 'means of true cognition' of the Nyāya system, which occupies in this work the central position (vv. XXXI–LI), and which is also the first one that has come down to us.

The logician's objections against what appears to be a negation, in the doctrine of Voidness, are faithfully reproduced by Nāgārjuna in the *Vigrahavyāvartanī*. If, as Nāgārjuna says, 'all things are devoid of an intrinsic nature' (*niḥsvabhāvāḥ sarvabhāvāḥ*) or 'the things have no intrinsic nature' (*nāsti svabhāvo bhāvānām*) or 'all things are void' (*śūnyāḥ sarvabhāvāḥ*), this enunciation must be equally 'devoid of an intrinsic nature' (*niḥsvabhāva*) or 'void' (*śūnya*). But then, how can a void statement deny the other void things ? If this negation is valid, the enunciation itself is not void. But, in this case, all things are not void, since the enunciation, which is included in 'all things', is not void. (*Kārikā* and *vṛtti* I and II). On the other hand, according to the logicians, a negation is significant only when the object to be negated is a real entity, not when it is a fictitious one. In the circumstances, if the negation of the 'intrinsic nature' (*svabhāva*) of the things, in Nāgārjuna's philosophy, has a meaning, it only proves that very 'intrinsic nature' which is negated ! (*Kārikā* and *vṛtti* XI-XII)[5].

Nāgārjuna admits the cogency of these arguments. In the *Mūlamadhyamakakārikās* he even bases his own argumentation often on the logicians' principle, namely that a negation is not possible if the object to be negated is not real. Candrakīrti makes it explicit in his commentary, the *Prasannapadā*[6]. Only, Nāgārjuna does not negate anything, for there is nothing to be negated: all things being void, there is neither a thing to be negated nor a negation (*kārikā* and *vṛtti* LXIII). The function of the statement 'All things are devoid of an intrinsic nature' or 'The things have no intrinsic nature', says he, is to 'make known the absence of an intrinsic nature in all things', because they are naturally 'void of an intrinsic nature' (*svabhāvaśūnya*), being 'dependently originated' (*pratītyasamutpanna*). [*Kārikā* and *vṛtti* LXIV; cf. *kārikā* and *vṛtti* XXII; *kārikās* LIII and LXVI].

Negation of the 'intrinsic nature', with Nāgārjuna, is thus designed for dissipating the error of people who see an 'intrinsic nature' in the things while they have none. In other words, it has merely a therapeutic value—as Candrakīrti makes it clear in his comment on *Mūlamadhyamakakārikā* XV, 11[7].

Nāgārjuna strives to express the Inexpressible. All his expressions, therefore, are bound to remain inadequate. 'All things are void (or devoid of an intrinsic nature)' is not a "proposition" which denies or affirms something (commentary on v. LX; cf. XXIX, XXX). By 'making known' the 'voidness' of all things (LXIV), it only expresses, indirectly, the Absolute, which is 'perfectly appeased' and 'isolated' from all its appearances (commentary on v. XXIX, and notes).

Nāgārjuna seems to be a mystic. But he is not a mystic who renounces thought and its expression in language. Along with all mystical philosophers, he knows that 'the ultimate in thinking as the ultimate in communication is silence'[8]. Like them, too, he uses thought in order to transcend it. It is only when by his inexorable logic he has been able to bring to light all the contradictions inherent in our relational way of thought, that he experiences Being or Nirvāṇa, which is beyond all relations,—in a shipwreck so to say[9].

Nāgārjuna's Absolute is neither the world nor apart from the world. It is the 'intrinsic nature' of the world. But to say 'It is the intrinsic nature of the world', is to make of it an object, standing in relation, on one hand, to the thinking subject, and on the other, to other objects, and thus to deprive it of its all-encompassing character. The only way in which Nāgārjuna can speak of it (or, rather, *out of* it) is to say: 'All things in the world are devoid of an intrinsic nature', i.e., the things in the world are not as they appear to us.[10]

Here Nāgārjuna had to face the objection: If all things are void, how can our activities in the world become possible ? Even the religious discipline taught by the Buddha becomes meaningless. But this objection, Nāgārjuna replies, springs from a fundamental misunderstanding of 'voidness', i.e., 'dependent origination'. All our activities—religious or not—are possible only in this relational world of becoming. If 'voidness', i.e., becoming, is denied, then the world itself is assumed to be the Absolute, 'not born, not destroyed, immutable, free from the manifold states (of its becoming)'[11]. 'There is nothing to be done, no work is undertaken, the agent does not do any work'[12].

Thus, Nāgārjuna neither denies the world nor affirms it. His is a 'middle path' (*madhyamā pratipad*), whence the name of his philosophy, 'Madhyamaka'[13]. It is in the world that he transcends the world and thus transfigures it. 'There is not the slightest difference between *saṃsāra* and *nirvāṇa*':

na saṃsārasya nirvāṇāt kiṃcid asti viśeṣaṇam /
na nirvāṇasya saṃsārāt kiṃcid asti viśeṣaṇam //
nirvāṇasya ca yā koṭiḥ koṭiḥ saṃsaraṇasya ca /
na tayor antaraṃ kiṃcit susūkṣmam api vidyate // (*MK* XXV, 19-20).

'The difference between them is in *our way of looking at them*'[14]. *Nirvāṇa* is *saṃsāra* without appearance and disappearance, without 'dependent origination':

ya ājavaṃjavībhāva upādāya pratītya vā /
so 'pratītyānupādāya nirvāṇam upadiśyate // (*MK* XXV, 9).

The reason why I decided to translate this text was that no complete translation of it from the Sanskrit original was available[15], while there were already two translations based on the Tibetan and the Chinese versions. The authors of these two translations, S. Yamaguchi[16] and

Professor G. Tucci[17], were not fortunate enough to be able to use the Sanskrit original, which was discovered later in a Tibetan monastery by Rāhula Sāṅkṛtyāyana; and, as will be seen, there are notable divergences between their translations and mine.

The text was edited for the first time by K. P. Jayaswal and Rāhula Sāṅkṛtyāyana in an appendix to Vol. XXIII, Part III (1937), of the *Journal of the Bihar and Orissa Research Society*, Patna. The present translation is based on the improved edition by E.H. Johnston and Arnold Kunst in *Mélanges chinois et bouddhiques*, published by the Institut Belge des Hautes Etudes Chinoises, Vol. IX: 1948-51 (Bruxelles, 1951), pp. 99-152. It is to the labours of these two distinguished scholars that we owe now 'the possibly nearest approximation of Nāgārjuna's original text'. In some places I have differed from them; but I admire the patience and the sense of Sanskrit of these two scholars, to whose introductory remarks I refer the reader for further details about the text[18].

NOTES TO THE INTRODUCTION

1. I have not been able to find an adequate English expression for the title. In German it is rendered well: 'Die Streitabwehrerin'' (Frauwallner, p. 199).—On *vigraha* 'quarrel', as a form of debate,—the term (*viggaha*) and the idea already occur in the old Pāli Canon (e.g. *Suttanipāta* 879: *viggayha vivādayanti*),—see, e.g., Satis Chandra Vidyabhusana, *A History of Indian Logic* (reprint: Delhi, Motilal Banarsidass, 1971), p. 29 (*Carakasaṃhitā*) ; also *Nyāyasūtra* IV 2, 51; Nāgārjuna, *MK* IV, 8 (*parapakṣadūṣaṇaṃ vigrahaḥ* '*vigraha* consists in the refutation of the opponent's position', Candrakīrti) ; see also Ruben, *Die Nyāyasūtra's*, Note 58.

2. 'Es ist eines seiner besten Werke und zeigt ihn in seiner ganzen Eigenart, vor allem in seiner unbeirrbaren Folgerichtigkeit', Frauwallner, p. 199.

3. *Infra*, p. 135, Note.—For Nāgārjuna, 'voidness' (*śūnyatā*) is the same thing as 'being devoid of an intrinsic nature' (*naiḥsvābhāvya* and similar expressions). In order to avoid a misunderstanding of this essential idea of Nāgārjuna, it may be well to indicate here what he means by 'intrinsic nature' (*svabhāva*) : 'Eigenes Wesen', writes E. Frauwallner, 'bedeutet nach Nāgārjuna, der indischen Wortbedeutung entsprechend, ein Sein aus sich selbst und nur durch sich selbst bedingt, unabhängig von allem andern. Daraus folgt aber, dass ein solches eigenes Wesen nicht entstanden ist, weil es nicht verursacht sein kann, und dass es nicht dem Vergehen unterworfen ist, weil sein Bestehen von nichts anderem abhängt. Es ist daher ewig und unvergänglich. Und so folgert denn Nāgārjuna, dass die Dinge der Erscheinungswelt, weil sie dem ständigen Werden und Vergehen unterliegen, kein eigenes Wesen besitzen können'. (Frauwallner, p. 173).

4. Cf. Candrakirti, *MKV*, p. 19 : *idam evāsya spaṣṭataraṃ dūṣaṇaṃ yad uta svapratijñātārthasādhanāsāmarthyam iti, kim atrānumānabādhodbhāvanayā prayojanam* ? —On this dialectical method, known as *prasaṅga*, cf. Murti, pp. 131-32.

5. We may recall here what, in Western Philosophy, Quine has nicknamed 'Plato's beard' See W. V. Quine, "On What There is", in *From a Logical Point of View* (2nd edition, Cambridge, Mass.: Harvard University Press, 1964), Essay I.

6. See *infra*, pp. 132-33, n. 2 on LXIV.

7. Cf. *infra*, p. 133, n. 2 on LXIV.

8. 'Das Letzte des Denkens wie der Communication ist Schweigen'. Karl Jaspers, *Vernunft und Existenz* (= *Aula-Voordrachten der Rijksuniversiteit te Groningen*, No. 1, 1935), p. 74.—Cf. *infra*, pp. 113-14, nn. 2-3 on v. XXIX.

9. 'Im Scheitern das Sein zu erfahren', Jaspers, *Philosophie* III (Berlin, 1932), p. 235. —Cf. Murti, p. 160: 'Negation is thus the despair of thought; but it is at once the opening up of a new avenue—the path of intuition...Śūnyatā is negative only for thought; but in itself it is the non-relational knowledge of the absolute'.

Professor Paul Demiéville, in his Preface to May, p. ii, quotes from Giacomo Leopardi's poem, *L'Infinito*: 'E il naufragar m'è dolce in questo mare'.

10. Cf. Jaspers, *Philosophie* III, p. 234: 'Das Nichtsein allen uns zugänglichen Seins, das sich im Scheitern offenbart, ist das Sein der Transzendenz'. Jaspers has written on Buddhism and Nāgārjuna. See Koshiro Tamaki's interesting paper, 'Jaspers' Auffassung über den Buddhismus', in *Journal of Indian and Buddhist Studies* (Tokyo), Vol. VIII, No. 2 (March 1960), pp. 10-20 (768-58).

11. *ajātam aniruddhaṃ ca kūṭasthaṃ ca bhaviṣyati* |
vicitrābhir avasthābhiḥ svabhāve rahitaṃ jagat || *MK* XXIV, 38.

12. *na kartavyaṃ bhavet kiṃcid anārabdhā bhavet kriyā* |
kārakaḥ syād akurvāṇaḥ śūnyatāṃ pratibādhataḥ || *Ibid.*, 37.—Cf. *infra*, pp. 125ff., vv. LIV-LVI

13. *yaḥ pratītyasamutpādaḥ śūnyatāṃ tāṃ pracakṣmahe* |
sā prajñaptir upādāya pratipat saiva madhyamā || *Ibid.*, 18.

'Dependent Origination is that which we call Voidness., It is a mere designation based on something, and it is the Middle way'.—Note the expression *upādāya prajñaptiḥ* 'a mere designation based on something' ('blosse Benennung auf irgendwelcher Grundlage', Frauwallner, p. 190). It is only an expression of the Inexpressible based on the conventional truth (cf. *infra*, pp. 111 ff., v. XXVIII).

The term 'Madhyamaka' is used by Nāgārjuna's followers as the name of the philosophy, while they call themselves 'Mādhyamika'. The non-Buddhist writers, however, invariably refer both to the philosophy and to its adherents as 'Mādhyamika'.

14. Murti, p. 163.

15. E. Frauwallner translated a few passages, pp. 200-4. More recently, Professor Gnoli translated into Italian the *kārikās* only: R. Gnoli, *Nāgārjuna: Madhyamaka-Kārikā* (Torino, 1961), pp. 139 ff. The *kārikās* have also been translated into Danish by Chr. Lindtner, *Nāgārjunas filosofiske vaerker*, Kobenhavn, 1982 (*Indiske Studier* 2), pp. 165-74. Recently the *kārikās* and the *vṛtti* have been translated into Hungarian by Judit Fehér, in *Buddhista Logika* (*Történelem és Kuttúra* 12, Budapest, 1995), pp. 9-60.

After I completed this work in July 1970, I came to know of a work done on the *Vigrahavyāvartanī* by the veteran scholar, Professor Satkari Mookerjee (*Nava-Nālandā-*

Mahāvihāra Research Publication, Vol. I, 1957). I am grateful to Professors B.K. Matilal and J. L. Masson for having made that work available to me from the University of Toronto. Professor Mookerjee gives an exposition of the arguments of our text 'in a language and manner intelligible to the modern mind'. —I have not been able to consult F.J. Streng, *Emptiness: A Study in Religious Meaning* (Nashville, Tenn., Abingdon Press, 1967).

16. *Traité de Nāgārjuna: Pour écarter les vaines discussions*, traduit et annoté par Susumu Yamaguchi, in *Journal Asiatique*, juillet-septembre 1929, pp. 1-86.

17. *Vigrahavyāvaratanī by Nāgārjuna, Translation from the Chinese and Tibetan Text*, in the author's *Pre-Diṅnāga Buddhist Texts on Logic from Chinese Sources*, Baroda, 1929 (*Gaekwad's Oriental Series*, No. XLIX).

18. The relationship between the *Vigrahavyāvartanī* and the *Nyāyasūtras* has been studied by G. Oberhammer ('Ein Beitrag zu den Vāda-Traditionen Indiens', in *Wiener Zeitschrift für die Kunde Süd - und Ostasiens und Archiv für indische Philosophie* [Vienna] VII [1963], pp. 63 ff.), and by myself ('On the Relationship between Nāgārjuna's *Vigrahavyāvartanī* and the *Nyāyasūtras*', in *Journal of Indo-European Studies* [USA] 5, 3 [Fall 1977], pp. 265-73). On the significant Nyâya technical terms used in the *Vigrahavyāvartanī*, see Glossary published in *JIP* 5 (1978), pp. 240-41.

A summary (by myself) of the *Vigrahavyāvartanī* is due to appear in Karl H. Potter (ed.), *Encyclopedia of Indian Philosophies* (Mahāyāna Buddhist Philosophy).

TRANSLATION

I

OBJECTIONS

I. If an intrinsic nature (*svabhāva*) of the things (*bhāva*), whatever they may be, exists nowhere (*sarvatra na vidyate*), your [very] statement must be devoid of an intrinsic nature (*asvabhāva*). It is not, therefore, in a position to deny the intrinsic nature [of the things].

Whether in the causes (*hetu*), in the conditions (*pratyaya*), in the combination of the causes and the conditions (*hetupratyayasāmagri*), or in a different thing, nowhere does exist an intrinsic nature of the things, whatever they may be. On this ground it is said that all things are void (*śūnyāḥ sarvabhāvāḥ*). For instance, the sprout is neither in the seed, its cause, nor in the things known as its conditions, viz., earth, water, fire, wind, etc., taken one by one, nor in the totality of the conditions, nor in the combination of the causes and the conditions, nor is it anything different from the causes and the conditions (*na hetupratyayavinirmuktaḥ pṛthag eva ca*). Since there is nowhere an intrinsic nature, the sprout is devoid of an intrinsic nature (*niḥsvabhāva*). Being devoid of an intrinsic nature, it is void (*śūnya*). And just as this sprout is devoid of an intrinsic nature and hence void, so also are all the things void because of being devoid of an intrinsic nature.

Here we observe: If this is so, your statement that all things are void, must also be void. — Why? — Because your statement is neither in its cause — the [four] great elements (*mahābhūta*), taken collectively or severally (*saṃprayukteṣu viprayukteṣu vā*); — nor in its conditions, the efforts made in the breast, the throat, the lips, the tongue, the roots of the teeth, the palate, the nose, the head, etc. (*uraḥkaṇṭhauṣṭhajihvādantamūlatālunāsikāmūrdhaprabhṛtiṣu yatneṣu*)[1];— nor in the combination of both [the cause and the conditions]; — nor again is it anything apart from the cause and the conditions. Since it is nowhere, it is devoid of an intrinsic nature, [and] since it is devoid of an intrinsic nature, it is void. For this reason, it is incapable of denying the intrinsic nature of all things. A fire that does not exist cannot burn, a weapon that does not exist cannot cut, water that does not exist cannot moisten; similarly a statement that does not exist cannot deny the intrinsic nature of all things. In these circumstances, your statement that the intrinsic nature of all things has been denied, is not valid.

[1] On the question of phonetics see, e.g., W. S. Allen, *Phonetics in Ancient India* (Oxford University Press, 1953). See also G. Tucci's Notes on the *Vigrahavyāvartanī*, pp. 23-4.

II. Now, if this sentence (*vākya*) is endowed with an intrinsic nature (*sasvabhāva*), your former proposition (*pūrvā pratijñā*) is destroyed (*hatā*). There is a discordance[1], and you should state the special reason for it (*tasmin viśeṣahetuś ca vaktavyaḥ*).

Now you may think, in order to avoid this defect (*mā bhūd eṣa doṣa iti*): this sentence is endowed with an intrinsic nature, and being endowed with an intrinsic nature, it is non-void (*aśūnya*); thus the intrinsic nature of all things has been denied by it.— To this we reply: If so, then your former proposition 'All things are void' is destroyed.

Furthermore:

Your statement is included in all things (*sarvabhāvāntargata*). [Now] if all things are void, for what reason is your statement non-void, — that statement which has denied the intrinsic nature of all things because it is [itself] non-void (*yenāśūnyatvāt sarvabhāvasvabhāvaḥ pratiṣiddhaḥ*)? Thus arises a controversial discussion in six points (*ṣaṭkoṭiko vādaḥ*)[2].—How is it? —Well,
(1) If all things are void, then your statement is void, being included in all things. [And] a negation by that [statement] which is void is a logical impossibility (*tena śūnyena pratiṣedhānupapattiḥ*). In these circumstances, the negation that all things are void is not valid (*anupapanna*). (2) If, on the other hand, the negation that all things are void is valid, then your statement is non-void. [But] that negation which it establishes because it is non-void, is not valid (*aśūnyatvād anena pratiṣedho 'nupapannah*)[3]. (3) Now, if all things are void, but your statement by which is effected the negation (*yena pratiṣedhaḥ*) is non-void, then your statement is not included in all things (*sarvatrāsaṃgṛhītam*). Your proposition, then, is contradicted by the example[4]. (4) If, on the contrary, your statement is included in all things, and if all things are void, then your statement also is void.

[And] since it is void, it cannot establish a negation (*śūnyatvād anena nāsti pratiṣedhaḥ*). (5) Let us then assume that it is void and that there is the negation by it (*atha śūnyam asti cānena pratiṣedhaḥ*): 'All things are void'. But, in that case, all things, though void, would be capable of performing actions (*śūnyā api sarvabhāvāḥ kāryakriyāsamarthā bhaveyuḥ*) — which is absurd (*na caitad iṣṭam*). (6) Let it be granted, then, that all things are void and that they are not capable of performing actions (*atha śūnyāḥ sarvabhāvā na ca kāryakriyāsamarthā bhavanti*); let the proposition be not contradicted by the example (*mā bhūd dṛṣṭāntavirodhaḥ*). In that case, however, the negation of the intrinsic nature of all things by your void statement is not valid.

Furthermore:

Thus, if your statement exists (*tadastitvāt*), there arises the following discordance: some things are void, and some other things, non-void (*kiṃcic chūnyaṃ kiṃcid aśūnyam*). And you should state the special reason for that discordance, explaining why some things are void, while some others are not. You have, however, not stated that reason. In these circumstances, your statement that all things are void is not valid.

[1] Yamaguchi's explanation of *vaiṣamikatva* by *viṣamavyāpti* is 'anachronistic', as pointed out by the editors (p. 43, n. 9). The word has the same meaning as the usual *vaiṣamya*.

[2] This has nothing to do with the *ṣaṭpakṣīrūpakathābhāsa* (*Nyāyasūtras* **V**, 1, 39-43) —despite Yamaguchi's note (2).

[3] For the statement is 'included in all things'. — This is certainly the correct interpretation, as suggested in the Edition, p. 44, n. 3 (and not that on p. 35). The Naiyāyika's objection here is closely related to that raised in the *Nyāyasūtras* **II**, 1, 13-14, in connection with the Mādhyamika negation of the Naiyāyika *pramāṇas* (cf. vv. XXXI-LI below): *sarvapramāṇapratiṣedhāc ca pratiṣedhānupapattiḥ*; — *tatprāmāṇye vā na sarvapramāṇavipratiṣedhaḥ*. Cf. also Vātsyāyana on *Nyāyasūtra* **IV**, 2, 30.

[4] *tatra dṛṣṭāntavirodhaḥ*. — The proposition, 'All things are void', is contradicted by the example (*dṛṣṭānta*) of the statement that is non-void. Since the statement is not 'included in all things', there can be no question of *all* things being void.

Moreover:

III. If you think that it is like 'Do not make a sound', [we reply:] this also is not valid. For here a sound that is existent prevents the other sound that will be(*śabdena hy atra satā bhaviṣyato vāraṇaṃ tasya*).

You may think: When somebody says: 'Do not make a sound', he himself makes a sound, and that sound prevents the other sound; in just the same manner, the void statement 'All things are void' prevents the intrinsic nature of all things. —To this we reply: This also is not valid. — Why ? — Because here a sound that is existent negates the future sound. In your case, however, it is not an existent statement that negates the intrinsic nature of all things. For, in your opinion (*tava hi matena*), the statement is non-existent, the intrinsic nature of all things is non-existent (*vacanam apy asat sarvabhāvasvabhāvo 'py asan*). Thus, 'It is like "Do not make a sound" ' is a defective proposition (*viṣamopanyāsa*)[1].

[1] *viṣama upanyāsaḥ* is a favorite remark of Patañjali, author of the *Mahābhāṣya*. Cf. L. Renou, *Terminologie grammaticale du Sanskrit* (Paris, 1942 and 1957), s.v. *upanyāsa*. —Let it be noted in passing that Nāgārjuna's prose—of which the commentary on the *Vigrahavyāvartanī* is the only extant example—is very similar to that of the *Mahābhāṣya*. Among the 'imitators' of Patañjali's style (cf. on this point L. Renou, *Histoire de la langue sanskrite*, Lyon-Paris, 1956, pp. 135-6) is therefore to be counted now Nāgārjuna. [For the interpretation of *viṣama upanyāsaḥ* cf. the Nirṇaya-Sāgar ed. (1951) of the *Mahābhāṣya, Paspaśāhnika*, p. 34. See also below, XXXIV.]

Moreover:

IV. If you think that the same holds true of the negation of the negation (*pratiṣedhapratiṣedha*) also, that is false. It is your proposition which by virtue of its specific character is thus rendered defective (*lakṣaṇato dūṣyate*), not mine.

You may think: 'According to this very method (*anenaiva kalpena*), a negation of negation also is impossible; so your negation of the statement negating the intrinsic nature of all things is impossible (*tatra yad bhavān sarvabhāvasvabhāvapratisedhavacanaṃ pratiṣedhayati tad anupapannam iti*)'. —To this we reply: This also is false. — Why? — Because the objection applies [only] to the specific character of your proposition, not to that of mine. It is you who say that all things are void, not I. The initial thesis (*pūrvakaḥ pakṣaḥ*) is not mine. — In these circumstances, your statement that, such being the case (*evaṃ sati*), a negation of negation also is impossible, is not valid[1].

[1] According to the realist, the Mādhyamika commits the logical error of negating, through a void statement, the intrinsic nature of all things. The realist, however,

does not commit any such error when he negates the Mādhyamika's statement negating the intrinsic nature of all things — for he does not hold that all things are void; his statement, therefore, is not void.

Moreover:

V. Now, if [you say that] you deny the things after having apprehended them through perception (*pratyakṣa*)[1], [we reply:] that perception through which the things are apprehended does not exist (*tan nāsti pratyakṣaṃ bhāvā yenopalabhyante*).

You cannot say that you deny all things in the statement 'All things are void', after having apprehended them through perception. — Why? — Because even perception, an instrument of true cognition (*pramāṇa*), is void, being included in all things (*sarvabhāvāntargatatvāt*). The person who apprehends the things (*yo bhāvān upalabhate*) is also void. Thus, there is no such thing as apprehension through perception, an instrument of true cognition (*tasmāt pratyakṣeṇa pramāṇena nopalambhabhāvaḥ*); and a negation of that which is not apprehended is a logical impossibility (*anupalabdhasya ca pratiṣedhānupapattiḥ*)[2]. In these circumstances, your statement that all things are void is not valid.

You think, perhaps (*syāt te buddhiḥ*), that you deny all things (*sarvabhāvavyāvartanaṃ kriyate*) after having apprehended them through inference (*anumāna*), verbal testimony (*āgama*) or comparison (*Upamāna*)[3].

[1] Here and in the following verse are mentioned the four *pramāṇas* or 'instruments of true cognition', typical of the Nyāya school, viz., perception (*pratyakṣa*), inference (*anumāna*), verbal testimony (*āgama* or *śabda*: cf. Vātsyāyana on *Nyāyasūtra* I, 1,1.3), and comparison (*upamāna*).

[2] Because negation is not possible without an object to be negated (see XI-XII below).

[3] Cf. n. 1 above.

To this we reply:

VI. In our refutation of perception, we have [already] refuted inference, verbal testimony and comparison, as well as the objects to be established by inference, verbal testimony and example (*anumānāgamasādhyā ye 'rthā dṛṣṭāntasādhyāś ca*).[1]

We have [already] refuted inference, comparison and verbal testimony, in our refutation of the 'instrument of true cognition' (*pramāṇa*), perception. Just as perception, an 'instrument of true cognition', is void because all things are void (*sarvabhāvānāṃ śūnyatvāt*), so also are inference, comparison and verbal testimony void because all things are void. Those objects which are to be established by inference, verbal testimony and comparison are also void because all things are void. The person who apprehends the things through inference, comparison and verbal testimony, is also void. Thus, there is no apprehension of things (*tasmād bhāvānām upalambhābhāvaḥ*), and a negation of the intrinsic nature of things that are not apprehended is a logical impossibility (*anupalabdhānāṃ ca svabhāvapratiṣedhānupapattiḥ*). In these circumstances, your statement that all things are void is not valid.

[1] *Dṛṣāṭnta* 'example' is used here in the sense of *upamāna* 'comparison'. Notice that in the commentary portion *upamāna* is used throughout.—Cf. P. Hacker, *Untersuchungen über Texte des frühen Advaitavāda*, 1. *Die Schüler Śaṅkaras* (=*Abhandlungen der Akademie der Wissenchaften und der Literatur in Mainz*, 1950, NR. 26), p. 158 (=2064), n. 1: *upamāna*=*dṛṣṭānta*.

Moreover:

VII. People conversant with the sate of things (*dharmāvasthāvido janāḥ*) think that the good things have a good intrinsic nature (*kuśalānāṃ dharmāṇāṃ manyante kuśalaṃ svabhāvam*). The same distinction (*viniyoga*) is made with regard to the rest [of the things] too (the bad things, and so on).

The commentary on this verse is a long list of 119 *kuśaladharmas* and of other *dharmas*, which is of no particular interest in a treatise on dialectics. Quite a number of technical terms used remain, moreover, uncertain. Cf. Text, p. 47, n. 6, which refers to E. H. Johnston's article 'Nāgārjuna's List of Kuśaladharmas', in *Indian Historical Quarterly*, XIV, pp. 314—323.

In their Introduction (pp.39-40), the editors observe: 'While the text is divided in two parts, 20 verses setting out the opponents' criticisms of Nāgārjuna's views and 50 verses giving his reply, the objections are not in fact all made by the same critic. The *dharmāvasthāvid* theorists of verse 7 are clearly Buddhist; though it is difficult to determine their school, the details in the commentary exclude the possibility of their being Sarvāstivādins, to whose theory of the *dharmas* much of the argument elsewhere would apply'. Professor Tucci holds the same view (*Pre-Diṅnāga Buddhist Texts on Logic*, p. xiii). For my part, I am rather inclined to think that the author of this objection is the Naiyāyika himself, who uses against Nāgārjuna, a Buddhist, the standpoint of the Buddhist realists. Cf. *infra*, p.128, n. 2, on LV.

VIII. And those things which lead to emancipation (*nairyāṇika*) have an intrinsic nature that leads to emancipation (*nairyāṇikasvabhāva*). Similarly with the things which do not lead to emancipation, and so on (*anairyāṇikādīnām*), things which have been mentioned in connection with the state of things (*dharmāvasthoktānām*).

The commentary gives an enumeration of the *dharmas* and then says, as at the end of the commentary on the preceding verse: Thus, since the intrinsic nature of things is in this way seen to be of different kinds (*anekaprakāra*), your statement that all things are devoid of an intrinsic nature and that being devoid of an intrinsic nature they are void (*niḥsvabhāvāḥ sarvabhāvā niḥsvabhāvatvāc chūnyā iti*), is not valid.

Furthermore:

IX. If the things had no intrinsic nature, then even the name 'absence of intrinsic nature' would not exist (*niḥsvabhāva ity evaṃ nāmāpi bhaven naivam*)[1]; for there is no name without an object [to be named] (*nāma hi nirvastukaṃ nāsti*).

If all things were devoid of an intrinsic nature, there would, nevertheless, be an absence of intrinsic nature (*yadi sarvadharmāṇāṃ svabhāvo na bhavet tatrāpi niḥsvabhāvo bhavet*). [But] then, even the name 'absence of intrinsic nature' would not exist (*tatra niḥsvabhāva ity evaṃ nāmāpi na bhavet*). — Why? — Because there is no name whatsoever without an object [to be named] (*nāma hi nirvastukaṃ kiṃcid api nāsti*).— Thus, since the name exists (*nāmasadbhāvāt*), there is an intrinsic nature of the things; and since they have an intrinsic nature, all things are non-void (*aśūnya*). Your statement, therefore, that all things are devoid of an intrinsic nature and that, being devoid of an intrinsic nature, they are void, is not valid[2].

[1]At the end of the first line I prefer to read, with Rāhula Sāṅkṛtyāyana, *evam* (*eva* in Johnston and Kunst's edition).

[2] The name 'absence of intrinsic nature' must refer to something which is absent. See X-XII below, with the notes on XI and XII.

Moreover:

X. Now you may say: There is an intrinsic nature, but that does not belong to the things (*sa ca dharmāṇāṃ na vidyate*). There is, then, an intrinsic nature without the things (*dharmair vinā svabhāvaḥ*), and you should explain to what it belongs (*sa yasya tad yuktam upadeṣṭum*).

Now you may fancy: Let there be no name without an object; there is an intrinsic nature, but that does not belong to the things; thus, the voidness of the things because of their being devoid of an intrinsic nature will be established (*evaṃ dharmaśūnyatā niḥsvabhāvatvād dharmāṇāṃ siddhā bhaviṣyati*), and the name will not be without an object [to be named]. —To this we reply: You should explain that object, apart from the things, to which now belongs thus that intrinsic nature (*evaṃ yasyedānīṃ sa svabhāvo dharmavinirmuktasyārthasya sa yuktam upadeṣṭum arthaḥ*). You have, however, not explained that. Hence your assumption (*kalpanā*): 'there is an intrinsic nature but it does not belong to the things', is ruled out (*hīnā*).

Furthermore:

XI. Since the negation 'There is no pot in the house' (*nāsti ghaṭo gehe*) is seen to be only of an existent (*sata eva*), this negation of yours is that of an existent intrinsic nature (*sataḥ svabhāvasya*).

It is only an existent object that is negated, not a non-existent one. For instance, when it is said: 'There is no pot in the house', it is an existent pot that is negated, not a non-existent one (*sato ghaṭasya pratiṣedhaḥ kriyate nāsataḥ*). In like manner it follows that the negation 'The things have no intrinsic nature' (*nāsti svabhāvo dharmāṇām*) is the negation of an existent intrinsic nature, not of a non-existent one. In these circumstances, the statement that all things are devoid of an intrinsic nature is not valid. By the very fact that a negation is possible, the intrinsic nature of all things is non-negated[1].

[1] *pratiṣedhasaṃbhavād eva sarvabhāvasvabhāvo 'pratiṣiddhaḥ*. Or °*svabhāvaḥ prasiddhaḥ* ('the intrinsic nature of all things is established')? Cf. Text, p. 50, n. 9 and v. LXI below. — 'Whenever we talk of negation or absence, it is relevant to ask of what the absence or negation is that we are talking about. Nyāya does not accept any such thing as 'pure negation'. Thus, an absence, it claims, must be an absence of something. This something is termed the *pratiyogin* (the counterpositive) of the absence in question. In this respect the term 'absence' is comparable to the term 'cognition' (*jñāna*). An instance of cognition is also a cognition of something.

'...Nyāya arrives at absence as a property by a hypostasis of denial. It interprets denials like "*a* is not there" or "*a* is absent there" as "there is an absence of *a* there." Thus the absence of *a* is asserted as a separate entity, and *a*, the object of denial, is called the 'counterpositive". (B. K. Matilal, *The Navya-nyāya Doctrine of Negation: The Semantics and Ontology of Negative Statements in Navya-nyāya Philosophy* [=*Harvard Oriental Series*, 46, Cambridge, Mass., 1968], p. 52).

Cf. *Vaiśeṣikasūtra* **IX**, 1, 10: *nāsti ghaṭo geha iti sato ghaṭasya gehasaṃyogapratiṣedhaḥ* (*nāsti ghaṭo 'smin deśe kāle veti deśādiniṣedho ghaṭādeḥ, na svarūpato niṣedhaḥ kriyata iti,* Candrānanda). Cf. also Uddyotakara, *Nyāyavārttika* on **II**, 1, 12 (p. 427 in *Nyāyadarśanam* I, Calcutta; cf. III, 1, 1, p. 699) : *na hy ayaṃ nāstinā samānādhikaraṇo ghaṭādiśabdo ghaṭābhāvaṃ pratipādayati, api tu gehaghaṭasaṃyogaṃ vā kālaviśeṣaṃ vā ghaṭasya sāmarthyaṃ vā pratiṣedhati...*

And again:

XII. If that intrinsic nature does not exist, what, then, do you negate by this statement ? The negation of a non-existent is established without words (*ṛte vacanāt pratiṣedhaḥ sidhyate hy asataḥ*).

If that intrinsic nature does not exist at all, what do you negate by this statement: 'All things are devoid of an intrinsic nature' ? The negation of a non-existent, e.g., that of the coolness of fire (*agneḥ śaityasya*) or of the heat of water (*apām auṣṇyasya*), is established without words[1].

[1] Cf. Matilal, *op. cit.*, p. 54, n. 9: 'Nyāya insists that the negate of a negation, i.e., the counterpositive of an absence, must not be an unexampled term. In other words, we cannot simply negate a term which has no denotation. To put it in another way, we cannot have an absence whose counterpositive is a fictitious entity'. The author cites Udayana's *Nyāyakusumāñjali* **III**, 2. See also Dinesh Chandra Guha, *Navya Nyāya System of Logic* (*Some Basic Theories & Techniques*) [Vārāṇasi, 1968], pp. 112-113. Our passage seems to be an early and simple statement of this theory. See also B. K. Matilal, 'Reference and Existence in Nyāya and Buddhist Logic', *JIP* 1 (1970), pp. 83-110.—**Maṇḍanamiśra, *Brahmasiddhi* (ed. Kuppuswami Sastri, Madras, 1937: *Madras Government Oriental Manuscripts Series* No. 4), pp. 44-45.** See also *Vaiśeṣikasūtra* IV, 1, 4, and **Śaṅkara,** *Brahmasūtrabhāṣya* II, 2, 15 (where, in the *Sūtra, pratiṣedhābhāva* is read instead of *pratiṣedhabhāva*), with Vācaspatimiśra, *Bhāmatī*.—Introduction, p. 90 and n. 5.

Furthermore:

XIII. Just as ignorant people (*bāla*) wrongly perceive a mirage as water[1], [and that wrong perception is removed by some person who knows, in like manner you may think that] you negate a wrong perception of a non-entity (*evaṃ mithyāgrāhaḥ syāt te pratiṣedhyato hy asataḥ*)[2].

When ignorant people wrongly perceive a mirage as water, a scholarly person (*paṇḍitajātīyena puruṣeṇa*), in order to remove that perception, says: 'But that mirage is without water' (*nirjalā sā mṛgatṛṣṇā*). Likewise, you may think that the statement 'All things are devoid of an intrinsic nature' is meant for removing people's perception of an intrinsic nature in things that are devoid of an intrinsic nature (*evaṃ niḥsvabhāveṣu yaḥ svabhāve grāhaḥ sattvānāṃ tasya vyāvartanārthaṃ niḥsvabhāvāḥ sarvabhāvā ity ucyata iti*).

[1] *mṛgatṛṣṇāyāṃ yathājalagrāhaḥ*. The compound *yathājalagrāha*, which also occurs in the commentary on v. LXVI below, is explained in the commentary on the present verse as: *jalam iti grāhaḥ*.

[2] *On pratiṣedhyatas*, cf. Text, p. 51, n. 7 (and Introduction, p. 39).—A normal construction for a Buddhist writer.

To this we reply:

XIV. **But this being so, the aggregate of these six things exists: the perception (*grāha*), the object to be perceived (*grāhya*), the perceiver of that object (*tadgrahitṛ*), the negation (*pratiṣedha*), the object to be negated (*pratiṣedhya*), and the negator (*pratiṣeddhṛ*).**

If this is so, then the perception of people, the object to be perceived, people who perceive it, the negation of that wrong perception, the object to be negated, viz., the wrong perception, and people like you who negate this perception (*pratiṣeddhāro yuṣmadādayo 'sya grāhasya*) —all these exist. The aggregate of the six is, therefore, established (*siddhaṃ ṣaṭkam*). [And] that aggregate of the six being established (*tasya ṣaṭkasya prasiddhatvāt*), your statement that all things are void is not valid.

XV. **You may think that there is no perception, no object to be perceived, and no perceiver. But, in that case, there is no negation, no object to be negated, and no negator.**

If, in order to avoid this defect (*mā bhūd eṣa doṣa iti kṛtvā*), you say that there is no perception, no object to be perceived, and no perceiver, then even the negation of the perception, viz., the statement that all things are devoid of an intrinsic nature (*grāhasya yaḥ pratiṣedho niḥsvabhāvāḥ sarvabhāvā iti*), does not exist. The object to be negated and the negators, too, do not exist.

XVI. **And if there is no negation, no object to be negated and no negator, then all things are established, as well as their intrinsic nature (*siddhā hi sarvabhāvās teṣām eva svabhāvaś ca*).**

And if there is no negation, no object to be negated, and no negator, then all things are non-negated (*apratiṣiddhāḥ sarvabhāvāḥ*), and they have an intrinsic nature (*asti ca sarvabhāvānāṃ svabhāvaḥ*).

Furthermore:

XVII. Your 'reason' [for establishing your thesis] cannot be established (*hętoś ca te na siddhiḥ*). How can there be, indeed, a 'reason' for you, when everything is devoid of an intrinsic nature (*naiḥsvābhāvyāt kuto hi te hetuḥ*) ? And this thesis of yours which is devoid of a 'reason', cannot be established (*nirhetukasya siddhir na copapannāsya te 'rthasya*).

Your reason for the thesis that all things are devoid of an intrinsic nature cannot be established (*niḥsvabhāvāḥ sarvabhāvā ity etasminn arthe te hetor asiddhiḥ*). — Why ? — Because all things, being devoid of an intrinsic nature, are void. How, therefore, can there be a reason (*tato hetuḥ kutaḥ*)? [And] if there is no reason (*asati hetau*), how indeed can the thesis devoid of a reason, namely that all things are void, be established ? — In these circumstances, your statement that all things are void is not valid.

Moreover:

XVIII. If your negation of the intrinsic nature is established without any reason (*yadi cāhetoḥ siddhiḥ svabhāvavinivartanasya te bhavati*), my affirmation of the things' being endowed with an intrinsic nature is also established without any reason (*svābhāvyasyāstitvaṃ mamāpi nirhetukaṃ siddham*).

[The commentary is merely a paraphrase of the verse. For a similar argument cf. Candrakīrti, *MKV*, pp. .55-6 (L. de La Vallée Poussin pointed this out in his note 1 on page 56).]

XIX. Nor can you hold that the things' being devoid of an intrinsic nature is the existence of the reason (*atha hetor astitvaṃ bhāvāsvābhāvyam ity anupapannam*); for there is not a single thing in the world which is devoid of an intrinsic nature and [at the same time] existent (*lokeṣu niḥsvabhāvo na hi kaścana vidyate bhāvaḥ*).

If you think that the fact that the things are devoid of an intrinsic nature is the existence of the reason, [we answer:] that argument is not valid. — Why ? — Because there is nothing in the world that is existent, while being devoid of an intrinsic nature[1].

[1] This is how I understand this passage. According to the editors (p. 54, n. 1), 'The argument is that "if you suppose that the cause exists in reality and that all things (which include the cause) are without essence (so that the cause is at the same time really existent and without essence)", that argument is not valid'. About the com-

mentary sentence, *yadi hetor astitvaṃ manyase niḥsvabhāvāḥ sarvabhāvā iti, tad anupapannam,* they further observe: 'This sentence may not be in order; it would improve it to put *manyase* before *hetor* and add *ca* after *niḥsvabhāvāḥ*'. All that, it seems to me, is unnecessary.

Furthermore :

XX. It is not possible to hold that the negation comes first and then the thing to be negated. Nor is it possible to hold that the negation comes after [the thing to be negated], or that they are simultaneous. **—The intrinsic nature [of the things] is, therefore, existent (*yataḥ svabhāvaḥ san*).**

It is not possible to hold that the negation comes first and then the thing to be negated. For, if the thing to be negated does not exist (*asati hi pratiṣedhye*), of what is the negation (*kasya pratiṣedhaḥ*) ? Nor is it possible to hold that the negation comes after the thing to be negated. For, if the thing to be negated is [already] established (*siddhe hi pratiṣedhye*), what purpose is served by the negation (*kiṃ pratiṣedhaḥ karoti*)? Now [if you say that] the negation and the thing to be negated are simultaneous, [we answer]: even in that way, the negation is not the cause of the object to be negated, nor is the object to be negated the cause of the negation (*na pratiṣedhaḥ pratiṣedhyasyārthasya kāraṇam, pratiṣedhyo na pratiṣedhasya ca*), just as of the two horns[1], grown simultaneously (*yugapadutpannayoḥ*), the right horn is not the cause of the left horn, nor is the left horn the cause of the right horn. — In these circumstances, your statement that all things are void is not valid[2].

[1] śaśa° in the text is an unnecessary addition to *viṣāṇa,* as the editors have rightly observed (p. 54, n. 9).—Cf. Candrakirti on *MK* **XX,** 7 : *na caikakālayoḥ savyetarago-viṣāṇayor janyajanakatvaṃ dṛṣṭam, vāmadakṣiṇakarayoś caraṇayor vā.—Vaidalyaprakaraṇa,* quoted by Yamaguchi, p. 78; *Upāyahṛdaya* in Tucci, p. 29; *Tarkaśāstra* in Tucci, pp. 3, 18; Gauḍapāda, *Āgamaśāstra* (= *Māṇḍūkyakārikā*) IV, 16 (cf. Vidhuśekhara Bhaṭṭācārya, *Gaudapādīyam Āgamaśāstram,* University of Calcutta, 1950, pp. 115-6); Śaṅkara, *Brahmasūtrabhāṣya* II, 2, 17 (p. 519); Jayantabhaṭṭa, *Nyāyamañjarī,* p. 628, 1. 13; Bhāsarvajña, *Nyāyabhūṣaṇa,* p. 350, 1. 18 (read *savyetarayoḥ,* instead of *sādhyetarayoḥ*).

[2] Cf. Nyāyasūtra **II,** 1, 12: *traikālyāsiddheḥ pratiṣedhānupapattiḥ.* — Vātsyāyana : *pūrvaṃ hi pratiṣedhasiddhāv asati pratiṣedhye kim anena pratiṣidhyate ? paścātsiddhau pratiṣedhyāsiddhiḥ, pratiṣedhābhāvād iti. yugapatsiddhau pratiṣedhyasiddhyabhyanujñanād anarthakaḥ pratiṣedha iti.* As will be seen, Vātsyāyana's interpretation is a little different from that given in the commentary on our verse here. See also *Nyāyasūtra* V, 1, 20.

II

REPLY[1]

[Refutation to the first objection]

XXI. If my statement does not exist in the combination of the cause and the conditions, or independently of them, then the voidness of the things is established because of their being devoid of an intrinsic nature (*śūnyatvaṃ siddhaṃ bhāvānām asvabhāvatvāt*).

If my statement does not exist in its cause and in its conditions...[2], it is devoid of an intrinsic nature, and, being devoid of an intrinsic nature, it is void. Now the voidness of this statement of mine is established because of its being devoid of an intrinsic nature. And just as this statement of mine is void because of its being devoid of an intrinsic nature, so also are all things void because of their being devoid of an intrinsic nature. In these circumstances, your statement: 'Because of the voidness of your statement it is not possible to establish the voidness of all things', is not valid.

[1] In this part Nāgārjuna quotes all the verses translated above, and then gives his reply. I have not thought it necessary to repeat them here.

[2] The commentary here is a restatement of what was said by the opponent in verse I above.

Furthermore :

XXII. That nature of the things which is dependent is called voidness[1], for that nature which is dependent is devoid of an intrinsic nature (*yaś ca pratītyabhāvo bhavati hi tasyāsvabhāvatvam*).

You have not understood the meaning of the voidness of the things. So you have set out to criticize me, saying: 'Since your statement is devoid of an intrinsic nature, the negation of the intrinsic nature of the things is not valid'. That nature of the things which is dependent is voidness. — Why ? — Because it is devoid of an intrinsic nature. Those things which are dependently originated are not, indeed, endowed with an intrinsic nature; for they have no intrinsic nature (*ye hi pratītyasamutpannā bhāvās te na sasvabhāvā bhavanti, svabhāvābhāvāt*). — Why ? — Because they are dependent on causes and conditions (*hetupratyayasāpekṣatvāt*). If the things were by their own nature (*svabhāvataḥ*), they would be even without the aggregate of causes and conditions (*pratyākhyāyāpi hetupratyayam*). But they are not so. Therefore they are said to be devoid of an intrinsic nature, and hence void. Likewise it follows that my statement also, being dependently originated (*pratītyasamutpannatvāt*), is devoid of an intrinsic nature, and, being devoid of an intrinsic nature, is void. —But things like a cart, a pot, a cloth, etc., though void of an intrinsic nature (*svabhāvaśūnya*) because of being dependently originated, are occupied with their respective functions, e.g., carrying wood, grass and earth, containing honey, water and milk, and protecting from cold, wind and heat. Similarly this statement of mine, though devoid of an intrinsic nature because of being dependently originated, is engaged in the task of establishing the being-devoid-of-an-intrinsic-nature of the things (*niḥsvabhāvatvaprasādhane bhāvānāṃ vartate*).—In these circumstances, your statement: 'Your statement, being devoid of an intrinsic nature, is void, and, being void, it cannot negate the intrinsic nature of all things', is not valid.

[1] *yaś ca pratītyabhāvo bhāvānāṃ śūnyateti sā proktā.* — Cf. *MK* **XXIV**, 18: *yaḥ pratītyasamutpādaḥ śūnyatāṃ tāṃ pracakṣmahe.* (*yaḥ pratyayādhīnu sa śūnya uktaḥ, Anavataptahradāpasaṃkramaṇa-Sūtra*, quoted by Candrakīrti, several times. Cf. *supra*, p. 89).

Furthermore:

XXIII. Suppose that a person, artificially created (*nirmitaka*), should prevent (*pratiṣedhayeta*) another artificial person, or that a magic man (*māyāpuruṣa*) should prevent another man created by his own magic (*svamāyayā sṛṣṭam*) [from doing something]. Of the same nature would be this negation (*pratiṣedho 'yaṃ tathaiva syāt*)[1].

Suppose that an artificial man should prevent another artificial man occupied with something (*kasmiṃścid arthe vartamānam*), or that a magic man created by a magician (*māyākāreṇa sṛṣṭaḥ*) should prevent another magic man created by his own magic and occupied with something. There, the artificial man who is prevented is void, and he (the artificial man) who prevents is also void; the magic man who is prevented is void, and he (the magic man) who prevents is also void. In like manner, a negation of the intrinsic nature of all things by my statement is possible, even though this statement is void (*evam eva madvacanena śūnyenāpi sarvabhāvānāṃ svabhāvapratiṣedha upapannaḥ*). In these circumstances, your statement: 'Because of the voidness of your statement, a negation of the intrinsic nature of all things is not possible', is not valid. In this way is also prevented the controversial discussion in six points that you spoke of (*tatra yo bhavatā ṣaṭkoṭiko vāda uktaḥ so 'pi tenaiva pratiṣiddhaḥ*)[2]. For, this being so, it is not true that my statement is not included in all things; there is nothing that is non-void; nor are all things non-void[3].

[1] Cf. *MK* **XVII**, 31-32.
[2] P. 96, above.
[3] According to the opponent, either the Mādhyamika's statement is not 'included in all things', and in that case some things are void and some others, non-void; or the statement, being 'included in all things', is itself void and thus non-existent and hence incapable of performing an action, viz., the negation. But the Mādhyamika says in reply that his statement is 'included in all things', being void like all other things. There can be no question of some things being void and of some others being non-void. It cannot be maintained, however, that the statement does not exist at all: it exists in a certain manner — like the artificial man or the magic man. Though void, the latter prevent other void persons from doing something; similarly the statement, though void, can negate other void things.

Now about your statement [contained in v. II above]:

XXIV. This statement is not endowed with an intrinsic nature (*na svābhāvikam etad vākyam*). There is therefore no abandonment of position on my part (*tasmān na vādahānir me*). There is no discordance (*nāsti ca vaiṣamikatvam*), and [hence] there is no special reason to be stated (*viśeṣahetuś ca na nigadyaḥ*)[1].

This statement of mine, being dependently originated, is not endowed with an intrinsic nature (*na svabhāvopapannam*). As previously stated, since it is not endowed with an intrinsic nature, it is void. And since this statement of mine is void, just as all other things are void, there is no discordance. For, there would be a discordance [only] if we said: This statement is non-void (*aśūnya*), while all other things are void (*śūnya*). We, however, do not say that. There is, therefore, no discordance. And since the following discordance, this statement is non-void while all other things are void, does not exist, we do not have to state the special reason (*tasmād asmābhir viśeṣahetur na vaktavyaḥ*): for this reason (*anena hetunā*) this statement is non-void while all [other] things are void. — In these circumstances, your statement: 'There is on your part an abandonment of position, there is a discordance, and you should state the special reason', is not valid.

[1] On the word *nigadya*, which is against Pāṇini III, 1,100 see *Indologica Taurinensia* (Torino) VII (1979), pp. 110-11.

[Refutation of the second objection: see v. III above.]

XXV. The example given by you: 'It is like "Do not make a sound" ', is not appropriate. There a sound is prevented by another sound, but the case here is not just the same (*śabdena tac ca śabdasya vāraṇaṃ naivam evaitat*).

This example, moreover, is not ours (*nāpy ayam asmākaṃ dṛṣṭāntaḥ*). That void statement does not prevent voidness (*na śūnyatāṃ pratiṣedhayati*) as a person, when he says: 'Do not make a sound', makes a sound and at the same time prevents a sound. — Why? — Because, in this example, a sound is prevented by another sound. But the case here is not the same. We say: all things are devoid of an intrinsic nature, and hence void. — Why?

XXVI. Because, if things devoid of an intrinsic nature were prevented by something devoid of an intrinsic nature (*naiḥsvābhāvyānāṃ cen naiḥsvābhāvyena vāraṇaṃ yadi*), with the cessation of [their] being devoid of an intrinsic nature would be established [their] being endowed with an intrinsic nature (*naiḥsvābhāvyanivṛttau svābhāvyaṃ hi prasiddhaṃ syāt*)[1].

This example would be appropriate if by a statement devoid of an intrinsic nature were prevented things devoid of an intrinsic nature — as by the sound: 'Do not make a sound' is prevented another sound. Here, however, by a statement devoid of an intrinsic nature is negated the intrinsic nature of the things (*iha tu naiḥsvābhāvyena vacanena bhāvānāṃ svabhāvapratiṣedhaḥ kriyate*). If by a statement devoid of an intrinsic nature were negated the things' being devoid of an intrinsic nature (*yadi naiḥsvābhāvyena vacanena bhāvānāṃ naiḥsvābhāvyapratiṣedhaḥ kriyate*), the things, by the very fact of being negated in their quality of being devoid of an intrinsic nature (*naiḥsvābhāvyapratiṣiddhatvād eva*), would be endowed with an intrinsic nature (*sasvabhāvā bhaveyuḥ*). Being endowed with an intrinsic nature, they would be non-void. We, however, declare that the things are void, not that they are non-void (*śūnyatāṃ ca vayaṃ bhāvānām ācakṣmahe, nāśūnyatām*). This, therefore, is a non-example (*adṛṣṭānta evāyam*)[2].

[1] *naiḥsvābhāvya* is used here both as an adjective and as a noun. The first is derived from *niḥsvabhāva* 'absence of an intrinsic nature', and the second, from *niḥsvabhāva* 'devoid of an intrinsic nature'. Cf. v. IX above.

[2] For the Mādhyamika, the opponent's example is not appropriate. When one says: 'Do not make a sound', one prevents by the sound one makes another sound. The Mādhyamika, however, by his void statement, 'All things are void', does not negate other void things but only negates the things that we regard as *non-void*. There is thus no agreement between the two cases.

XXVII. Or suppose that an artificial person should prevent the false notion of somebody who with regard to an artificial woman thinks: 'This is a woman'. This would be like that (*evaṃ bhaved etat*).

Or suppose that in an artificial woman, void of an intrinsic nature (*svabhāvaśūnya*), some man should have the false notion (*asadgrāha*) that it is really (*paramārthataḥ*) a woman and, as a result of that false notion, should feel desire for her. The Tathāgata or a disciple of the Tathāgata would [then] create an artificial man (*nirmitako nirmitaḥ syāt*), [and] the latter would dispel the false notion of that man, through the power (*adhiṣṭhāna*) of the Tathāgata or of the disciple of the Tathāgata. Likewise, by my void statement, comparable to the artificial man (*nirmitakopamena śūnyena madvacanena*), is prevented the idea of an intrinsic nature in all things which are devoid of an intrinsic nature and comparable to the artificial woman (*nirmitakastrisadṛśeṣu sarvabhāveṣu niḥsvabhāveṣu yo 'yaṃ svabhāvagrāhaḥ sa nivartyate*). Thus, this is an appropriate example for establishing voidness, not the other one (*tasmād ayam atra dṛṣṭāntaḥ śūnyatāprasādhanaṃ praty upapadyamānaḥ, netaraḥ*)[1].

[1] *upapadyamāna* in this sentence is not so 'odd' as the editors think (p. 60, n. 13). See also the end of the commentary on the next verse, and that on v. LIV. The word occurs also in other texts.

XXVIII. Or this reason (*hetu*) is similar in nature to the thesis to be established (*sādhyasama*), for sound has no [real] existence (*na hi vidyate dhvaneḥ sattā*). We do not speak, however, without having recourse to the conventional truth (*saṃvyavahāra*).

The reason (*hetu*)[1] 'It is like "Do not make a sound"' is of the same nature as the thesis to be established — Why? — Because all things, being devoid of an intrinsic nature, are alike (*naiḥsvābhāvyenāviśiṣṭatvāt*). **That sound, being dependently originated, has not, indeed, an existence by its own nature (*na hi tasya dhvaneḥ pratītyasamutpannatvāt svabhāvasattā* *vidyate*).** [And] since it has no existence by its own nature, your statement: 'For here a sound that is existent prevents the other sound that will be', is precluded (*vyāhanyate*). It is not, however, without having recourse to the conventional truth (*vyavahārasatya*), it is not by rejecting the conventional truth, that we say: All things are void. For it is not possible to teach the absolute truth (*dharma*) without having recourse to the conventional truth. As has been said:

'The transcendent truth cannot be taught without having recourse to the conventional truth. [And] Nirvāṇa cannot be attained without realizing the transcendent truth'[2].

Thus, all things are void like my statement (*tasmān madvacanavac chūnyāḥ sarvabhāvāḥ*), and that all things are devoid of an intrinsic nature, follows in both ways (*ubhayathopapadyamānam*) [i.e., both by virtue of the 'reason' and of the thesis to be established][3].

[1] The term *hetu* 'reason' is used here in the sense of *dṛṣṭānta* 'example'. A similar instance is furnished by Gauḍapāda's *Āgamaśāstra* (=*Māṇḍūkyakārikā*) **IV**, 20 (quoted in my paper referred to in note 3 below). Śaṅkara, in his comment on the latter passage, observes: *hetur iti dṛṣṭānto 'trābhipretaḥ, gamakatvāt. prakṛto hi dṛṣṭānto na hetuḥ.* Note that the 'reason' is inseparably connected with the 'example' in the Nyāya inferential system. See *Nyāyasūtras* **I**, 1, 34-37, and Vātsyāyana's *Bhāṣya* on **I**, 1, 39. Cf. also *Nyāyasūtra* **V**, 1, 11 : *pratidṛṣṭāntahetutve ca nāhetur dṛṣṭāntaḥ.*

[2] *vyavahāram anāśritya paramārtho na deśyate/*
paramārtham anāgamya nirvāṇaṃ nādhigamyate// (*MK* **XXIV**, 10).—The verb *ā-gam-* is used in both the senses 'to have recourse to' and 'to understand, realize'. On its use in the latter sense cf. Aśvaghoṣa, *Buddhacarita* **XII**, 38 and 116; *Saundarananda* **XVI**, 42 (both in E. H. Johnston's editions, Lahore 1936 and 1928, respectively; reprint: Delhi, Motilal Banarsidass, 1972 and 1975).

The absolute truth is beyond words (*anakṣara*). But it is taught 'through superimposition' (*samāropāt*), with the help of the conventional turth. — See Murti, pp. 232, 253.

[3] For the realist, when one says: 'Do not make a sound', a sound that is existent prevents another sound that is not existent, whereas the Mādhyamika's statement 'All things are void' cannot prevent anything, for it is itself void. To this the Mādhyamika replies that there is no sound that is 'existent'; the objection, therefore, is not valid; on the contrary, the example proves his thesis.—The idea of *sādhyasama* will occur again when Nāgārjuna takes up the question of the possibility of a negation in the three times (v. LXIX). This is one of the several Naiyāyika technical terms used by Nāgārjuna in this treatise (see Glossary, published in *JIP* 5 [1978], pp. 240-41). It should be noted, however, that Nāgārjuna and Candrakīrti do not use the term in the sense in which Nyāya uses it. See my 'Note on the interpretation of the term *sādhyasama* in Madhyamaka Texts', in *JIP* 2, 3/4 (March/June 1974), pp. 225-30. Cf. also, for instance, Candrakīrti, *MKV.*, p. 283, ll. 3ff. There is a verse in Āryadeva's *Catuḥśataka* (reconstructed from the Tibetan), which, although it does not use the term *sādhyasama*, is clearly reminiscent of the Nyāya use of it (on which cf. B. K. Matilal, 'A Note on the Nyāya Fallacy Sādhyasama and Petitio Principii', in *JIP* 2, 3/4, pp. 211-24). The opponent wants to prove the reality of the sense-objects on the ground that they are perceived.

But Āryadeva argues that they are not perceived, and concludes: *tasmāt sādhyena sādhyasya siddhir naivopapadyate*. Since the 'reason', the fact of being perceived (*pratyakṣatva*), is itself to be proved (*sādhya*), it cannot establish the thesis to be established (*sādhya*). (*The Catuḥśataka of Āryadeva, Sanskrit and Tibetan Texts with copious extracts from the Commentary of Candrakīrti,* reconstructed and edited by Vidhushekhara Bhattacharya, *Viśva-Bhāratī Series* 2, Calcutta 1931, Ch. XIII, v. 5 [*Kārikā* 305, p. 172]). So far as I can see, Nāgārjuna and Candrakīrti never express themselves in this way. — Vaidya's interpretation of Āryadeva's *Kārikā* 396 (Ch. XVI, v. 21), followed by May (P. L. Vaidya, *Etudes sur Āryadeva et son Catuḥśataka, chapitres VIII-XVI*, Paris 1923, p. 166; cf. May, p. 93, n. 205), is inexact. See Candrakīrti's comment, pp. 289-90. The rendering of *sādhyasama* by '*petitio principii*', 'pétition de principe', found in the modern translations of Nāgārjuna and Candrakīrti, is to be modified in the light of these recent contributions.

Now about your statement [contained in v. IV]:

XXIX.[1] If I had any proposition (*pratijñā*), then this defect (*doṣa*) would be mine. I have, however, no proposition (*nāsti ca mama pratijñā*). Therefore, there is no defect that is mine (*tasmān naivāsti me doṣaḥ*).

If I had any proposition, then the defect previously stated by you would be mine, because it would affect the specific character of my proposition (*mama pratijñālakṣaṇaprāptatvāt*). [But] I have no proposition. Thus [we observe:] When all things are void, perfectly appeased and by nature isolated[2], how can there be a proposition? How can something affect the specific character of a proposition (*kutaḥ pratijñālakṣaṇaprāptiḥ*)? [And] how can there be a defect, caused by the fact of affecting the specific character of a proposition (*kutaḥ pratijñālakṣaṇaprāptikṛto doṣaḥ*)? — In these circumstances, your statement: 'The defect is only yours because it affects the specific character of your proposition', is not valid[3].

[1]This and the following verse are quoted by Candrakīrti, *MKV*, p. 16.

[2] *śūnyeṣv atyantopaśānteṣu prakṛtivivikteṣu*. — The things' being devoid of an intrinsic nature does not mean that they have no nature at all. In their essential nature (*prakṛti*), they are nothing but the universal and absolute Reality, which is 'perfectly appeased' (*atyantopaśānta*) and 'by nature isolated' (*prakṛtiviviktа*). That Nature, isolated from its appearances, is not, however, an entity that can be determined objectively. 'By their nature, the things are not a determinate entity. Their nature is a non-nature; it is their non-nature which is their nature. For they have only one nature, i.e., no nature (from the objective standpoint)': *prakṛtyaiva na te dharmāḥ kiṃcit. yā ca prakṛtiḥ sāprakṛtiḥ, yā cāprakṛtiḥ sā prakṛtiḥ sarvadharmāṇām — ekalakṣaṇatvād*

yad utālakṣaṇatvāt. (*Aṣṭasāhasrikā Prajñāpāramitā*, p. 96, ed. by P. L. Vaidya, Darbhanga, 1960). — The expression *prakṛtivivikta* occurs on the same page of the *Aṣṭasāhasrikā Prajñāpāramitā*. Nāgārjuna uses the words *śānta* and *upaśānta* in the same sense. The Absolute is 'appeased', because it is not 'grasped', and hence not expressed in words. Cf. *MK* **XVIII**, 9; **XXV** 24.

In the Mahāyāna works the Absolute is often spoken of as beyond 'grasping' (*upalambha*). Objectively speaking, it is 'non-existent'. But from its objective non-existence we should not conclude its metaphysical non-existence. On the contrary, its objective 'non-existence' is evidence of its highest metaphysical 'existence', its being 'not grasped' in an objective sense is evidence of its being 'grasped' in the highest metaphysical sense, i.e., beyond the subject-object split. We read thus in the *Mahāyāna-Sūtrālaṃkāra*:

yāvidyamānatā saiva paramā vidyamānatā/
sarvathānupalambhaś ca upalambhaḥ paro mataḥ // (**IX**, 78; ed. by S. Lévi, Paris, 1907).

Cf. also Candrakīrti, *MKV*, p. 265: *avidyātimiraprabhāvopalabdhaṃ bhāvajātaṃ yenātmanā vigatāvidyātimirāṇām āryāṇām adarśanayogena viṣayatvam upayāti tad eva svarūpam eṣāṃ svabhāva iti vyavasthāpyate... sa caiṣa bhāvānām anutpādātmakaḥ svabhāvo 'kiṃcittvenābhāvamātratvād asvabhāva eveti kṛtvā nāsti bhāvasvabhāva iti vijñeyam.* [*Supra*, p. 90. See also Ātman-Brahman, p. 67, n. 3; pp. 96-8].

[3] The Mādhyamika may say that, if in the realist's opinion he cannot deny with his void statement the reality of the things, the realist himself cannot deny the Mādhyamika's negation. To this the realist replies that the objection does not apply to him, for it is the Mādhyamika, not he, who holds that all things are void; his statement negating the Mādhyamika's negation is therefore not void. — But the Mādhyamika replies in turn that the realist's objection is not valid, for the Mādhyamika has no proposition of his own. 'All things are void' is not a "proposition". It only expresses the Inexpressible, with the help of the conventional truth — as he has already explained in the preceding verse. The real language here would be silence: *paramārtho hy āryāṇāṃ tūṣṇīṃbhāvaḥ*, Candrakīrti (*MKV*, p. 57; cf. Murti, p. 232; *supra*, p. 90: for a different reading cf. J. W. de Jong, 'Textcritical Notes **on the Prasannapadā'**, in *Indo-Iranian Journal* **[Dordrecht] 20 [1978], p. 33**).

[Refutation of the third objection; see vv. V, VI above].

XXX. If I apprehended something with the help of perception, etc., then I would either affirm or deny (*pravartayeyaṃ nivartayeyaṃ vā*). [But] since that thing does not exist, I am not to blame (*tadabhāvān me 'nupālambhaḥ*).

If I apprehended something with the help of the four *pramāṇas*, viz., perception, inference, **comparison** and verbal testimony, or with the help of one of these, then only would I either affirm or deny. [But] since I do not even apprehend an object of any kind (*yathārtham evāhaṃ kaṃcin nopalabhe*), I neither affirm nor deny (*tasmān na pravartayāmi na nivartayāmi*). In these circumstances, your criticism (*yo bhavatopālambha uktaḥ*): 'If [you say that] you deny the things after having apprehended them through one of the *pramāṇas*, viz., perception, etc., [we reply:] those *pramāṇas* do not exist, nor do exist the objects to be apprehended through them (*taiś ca pramāṇair api gamyā arthāḥ*)', does not concern me at all (*sa me bhavaty evānupālambhaḥ*).

Furthermore:

XXXI. If such and such objects are established for you through the *pramāṇas* (*yadi ca pramāṇatas te teṣāṃ teṣāṃ prasiddhir arthānām*), tell me how those *pramāṇas* are established for you (*teṣāṃ punaḥ **prasiddhiṃ** brūhi kathaṃ te pramāṇānām*)[1].

If you think that such and such 'objects of true cognition' (*arthānāṃ prameyāṇām*) are established through the 'instruments of true cognition' (*pramāṇa*), just as the things to be measured (*meya*) are established through the measuring instruments (*māna*), [we ask:] How are those 'instruments of true cognition', viz., perception, inference, comparison and verbal testimony, established? If [you say that] the *pramāṇas* are established without the help of *pramāṇas* (*yadi tāvan niṣpramāṇānāṃ pramāṇānāṃ syāt prasiddhiḥ*), then [your] proposition that [all] objects are established through *pramāṇas* is abandoned (*pramāṇato 'rthānāṃ prasiddhir iti hīyate pratijñā*)[2].

[1] The Mādhyamika-Naiyāyika controversy over the *pramāṇas* is well known from the *Nyāyasūtras* **II**, 1, 8-19. Vācaspatimiśra, in his *Nyāyavārttikatātparyaṭīkā* (p. 249 in *Vizianagram Sanskrit Series* No. 15, Benares 1898), expressly states that the objector is a Mādhyamika. Furthermore: 'L'attitude des philosophes bouddhiques est expliquée avec précision' (L. de La Vallée Poussin, *MKV*, p. 56, n. 1). Here we have the Mādhyamika's own version of this controversy. See on this question Murti, pp. 149ff.

[2] Because the *pramāṇas*, the 'means of true cognition', are also 'objects' (*artha*). Cf. v. XXXIII below. — 'It might be better to omit the entire sentence' (Text, p. 63, n. 5).

XXXII a-b. If the *pramāṇas* are established through other *pramāṇas*, then there is an infinite series (*anavasthā*).

If you think that the 'objects of true cognition' (*prameya*) are established through the 'means of true cognition' (*pramāṇa*) and that those 'means of true cognition' are established through other 'means of true cognition', then there follows an infinite series —What harm is there if there is an infinite series?—

XXXII c-d. Neither the beginning nor the middle nor the end can then be established.

If there is an infinite series, the beginning cannot be established. — Why ? — Because those *pramāṇas* are established through other *pramāṇas*, and those others again through other *pramāṇas*. Thus there is no beginning. [And] if there is no beginning, how can there be a middle? how can there be an end ?

Consequently, the statement that those *pramāṇas* are established through other *pramāṇas* is not valid[1].

[1] Cf. *Nyāyasūtra* II, 1, 17, with Vātsyāyana's *Bhāṣya*, Uddyotakara's *Vārttika* and Viśvanātha's *Vṛtti*.

XXXIII. Now, if [you think that] those *pramāṇas* are established without *pramāṇas* (*pramāṇair vinā*), then your philosophic position is abandoned (*vihīyate vādaḥ*). There is a discordance, and you should state the special reason for that.

Now, if you think: those *pramāṇas* are established without *pramāṇas*; the objects to be cognized (*prameyāṇām arthānām*), however, are established through the *pramāṇas*, then your position that [all] objects are established through *pramāṇas* (*pramāṇaiḥ prasiddhir arthānām*) is abandoned. There is, moreover, a discordance, namely that some objects are established through *pramāṇas*, while some others are not (*keṣāṃcid arthānāṃ pramāṇaiḥ prasiddhiḥ keṣāṃcin neti*). And you should state the special reason why some objects are established through *pramāṇas*, while some others are not. But you have not stated that. Thus this assumption, too, is not valid (*tasmād iyam api kalpanā nopapanneti*)[1].

The opponent replies: The *pramāṇas* establish themselves as well as other things. As has been said:

'Fire illuminates itself as well as other things. Likewise, the *pramāṇas* establish themselves as well as other things'[2].

(The commentary on this verse is just a paraphrase.)

[1] After having refuted the charge of 'discordance' (*vaiṣamikatva*; v. 11) brought against him by his opponent, Nāgārjuna here returns the same charge to his opponent. — in *Nyāyasūtra* II, 1, 18, the following objection is raised: If the *pramāṇas* are established without *pramāṇas*, then the *prameyas* also should be established without *pramāṇas*: *tadvinivṛtter vā pramāṇasiddhivat prameyasiddhiḥ*. In other words, it would be vain to talk about *pramāṇas*: *evaṃ ca sarvapramāṇavilopaḥ* (Vātsyāyana)

[2] *dyotayati svātmānaṃ yathā hutāśas tathā parātmānam/*
svaparātmānāv evaṃ prasādhayanti pramāṇāni/ /

The view put forward in this verse is in accord with *Nyāyasūtra* II, 1, 19: ***na, pradīpaprakāśa*** **(*siddhi*)*vat* *tatsiddheḥ*.** This seems, at least, to have been the view of

Gautama and of some of his followers. Vātsyāyana's interpretation is different. See on this question my paper entitled 'On the Relationship between Nāgārjuna's *Vigrahavyāvartanī* and the *Nyāyasūtras*', in *Journal of Indo-European Studies* (USA) 5, 3 (Fall 1977), pp. 265-73.

Here we observe:

XXXIV. This is a defective proposition (*viṣamopanyāsa*)[1]. Fire does not illuminate itself, for its non-perception is not seen to be comparable to that of a pot in darkness (*na hi tasyānupalabdhir dṛṣṭā tamasīva kumbhasya*).

Your proposition that the *pramāṇas* establish themselves as well as other things like fire [that illuminates itself as well as other things] is defective. For fire does not illuminate itself. A pot, not illuminated by fire, is first not perceived in darkness. Then, being illuminated by fire, it is perceived. If, in the same manner, fire, not being illuminated, first existed in darkness and then were illuminated, it would be possibe to say: it illuminates itself (*evam eva yady aprakāśitaḥ prāg agnis tamasi syād uttarakālam agneḥ prakāśanaṃ syāt, ataḥ svātmānaṃ prakāśayet*). This, however, is not the case. Thus this assumption, too, is not valid.

[1] Cf. *supra*, p.98, commentary on v. III.

Furthermore:

XXXV. If, as you say, fire illuminates itself as it illuminates other things, then it will also burn itself.

If, as you say, fire illuminates itself just as it illuminates other things, then it will also burn itself just as it burns other things. This, however, is not the case. In these circumstances, your statement that fire illuminates itself as it illuminates other things, is not valid[1].

[1] The subject cannot be the object of its own act. Cf. Śaṅkara, *Upadeśasāhasrī*, *padya* **XVI**, 13 (in *Minor Works of Śrī Śaṅkarācārya* [ed. by H. R. Bhagavat]=*Poona Oriental Series*, No. 8, second edition, 1952):

yaddharmā yaḥ padārtho na tasyaiveyāt sa karmatām/
na hy ātmānaṃ dahaty agnis tathā naiva prakāśayet//

Śaṅkara criticizes there the Buddhist idealists (Vijñānavādin), who hold that cognition is self-luminous, like a lamp. See also *Brahmasūtra-bhāṣya* **II**, 2, 28. On *svātmani kriyāvirodha* see also Ātman-Brahman, p. 52 & n. 7. In his comment on *Bṛhadāraṇyaka-Upaniṣad* **IV**, 3, 7, Śaṅkara uses arguments which recall those used by Nāgārjuna in the preceding verse: *yat tūcyate, pradīpa ātmānaṃ ghaṭaṃ cāvabhāsayatīti,* *tad asat. — kasmāt? — yadātmānaṃ nāvabhāsayati tadā kīdṛśaḥ syāt? na hi tadā pradīpasya svato vā parato vā viśeṣaḥ kaścid upalabhyate. sa hy avabhāsyo bhavati yasyâvabhāsakasaṃnidhāv asaṃnidhau ca viśeṣa upalabhyate, na hi pradīpasya svātmasaṃnidhir asaṃnidhir vā śakyaḥ kalpayitum. asati ca kādācitke viśeṣa ātmānaṃ pradīpaḥ prakāśayatīti mṛṣaivocyate.* (*Ānandāśrama Sanskrit Series*, 15, Poona, second edition, 1902, pp. 568-9).—Cf. Śāntideva, *Bodhicaryāvatāra* IX, 17-18.

Besides:

XXXVI. If, as you say, fire illuminates both other things and itself, then darkness will cover both other things and itself[1].

If in your opinion fire illuminates both other things and itself, then its opposite (*tatpratipakṣabhūtaḥ*), darkness, too, would cover both other things and itself. This, however, is not seen. In these circumstances, your statement that fire illuminates both other things and itself is not valid.

[1] Cf. *MK* VII 12:
pradīpaḥ svaparātmānau saṃprakāśayate yadi/
tamo 'pi svaparātmānau chādayiṣyaty asaṃśayam//

And again:

XXXVII. There is no darkness in fire nor in something else in which fire stands (*nāsti tamaś ca jvalane yatra ca tiṣṭhati parātmani jvalanaḥ*). How can it [then] illuminate? For illumination is destruction of darkness[1].

Here, in fire, there is no darkness. Nor is there any darkness where fire is. Now, illumination is obstruction caused to darkness (*tamasaḥ pratighātaḥ*). But since there is no darkness in fire nor where fire is, what is that darkness which is obstructed by fire, and by virtue of whose obstruction it illuminates both other things and itself (*kasya tamasaḥ pratighātam agniḥ karoti, yasya pratighātād agniḥ svaparātmānau prakāśayatīti*)?

The opponent replies: But is it not true that fire illuminates both other things and itself, for this very reason that there is no darkness in fire nor where fire is (*nanu yasmād evaṃ nāgnau tamo 'sti nāpi yatrāgnis tatra tamo 'sti, tasmād eva svaparātmānau na prakāśayaty agnih kutaḥ*)? For, in the very process of its origination, fire obstructs darkness (*tena hy utpadyamānenaivāgninā tamasaḥ pratighātaḥ*). If there is no darkness in fire nor where fire is, it is because in the very process of its origination fire illuminates both other things and itself (*tasmān nāgnau tamo 'sti nāpi yatrāgnis tatra tamo 'sti, yasmād utpadyamāna evobhayaṃ prakāśayaty agniḥ svātmānaṃ parātmānaṃ ceti*).

[1] Cf. *MK* **VII**, 9:
pradīpe nāndhakāro 'sti yatra cāsau pratiṣṭhitaḥ/
kiṃ prakāśayati dīpaḥ prakāśo hi tamovadhaḥ//

Here we observe:

XXXVIII. It is wrong to say (*asadvāda*) that fire illuminates in the very process of its origination. For, in the very process of its origination, fire does not come in contact with darkness[1].

The opinion that fire, in the very process of its origination, illuminates both other things and itself, is not tenable. — Why? — Because, in the very process of its origination, fire does not come in contact with darkness; since it does not come in contact with it, it does not destroy it; and since darkness is not destroyed, there is no illumination (*tamasaś cānupaghātān nāsti prakāśaḥ*).

[1] Cf. *MK* **VII**, 10:
katham utpadyamānena pradīpena tamo hatam/
notpadyamāno hi tamaḥ pradīpaḥ prāpnute yadā//
Light and darkness do not exist simultaneously: *ālokāndhakārayor yaugapadyābāvāt*, Candrakīrti on this verse.

XXXIX. Or, if fire destroyed darkness even without coming in contact with it, then this fire, standing here, would destroy darkness in all the worlds[1].

Or, if you think that fire destroys darkness even without coming in contact with it, then this fire, standing here at this moment, will equally (*tulyam*)[2] destroy the darkness existing in all the worlds, without coming in contact with it. This, however, is not seen to be the case (*na caitad evaṃ dṛṣṭam*). Thus, your opinion that fire destroys darkness even without coming in contact with it, is not valid.

[1] Cf. *MK* **VII**, 11:
aprāpyaiva pradīpena yadi vā nihataṃ tamaḥ/
ihasthaḥ sarvalokasthaṃ sa tamo nihaniṣyati//
Cf. Vātsyāyana on *Nyāyasūtra* V, 1, 7: *nāprāptaḥ pradipaḥ prakāśayati*. Uddyotakara says here: *na hy agnir aprāpto dahati*.— Cf. Jayantabhaṭṭa, *Nyāyamañjarī*, p. 624; Bhāsarvajña, *Nyāyabhūṣaṇa* p. 346, *Upāyahṛdaya* in Tucci, p. 29; *Tarkaśāstra* in Tucci, p. 18. See also Vātsyāyana on *Nyāyasūtra* II, 2, 13, p. 132.

Furthermore:

XL. If the *pramāṇas* are self-established (*yadi svataś ca pramāṇasiddhiḥ*), then the 'means of true cognition' are established for you independently of the 'objects of true cognition' (*anapekṣya tava prameyāṇi bhavati pramāṇasiddhiḥ*). For self-establishment does not require another thing (*na parāpekṣā svataḥ siddhiḥ*)[1].

(The commentary is merely a paraphase.)

The opponent replies: What defect will ensue (*ko doṣo bhaviṣyati*) if the means of true cognition do not require the objects to be cognized (*prameyān arthān*)?

[1] On this and the following verses cf. *MK* **X**, 8-12.

Here we observe:

XLI. If you think that the 'means of true cognition' (*pramāṇa*) are established independently of the 'objects of true cognition' (*prameyān arthān*), then those *pramāṇas* are [*pramāṇas*] of nothing (*na bhavanti kasyacid evam imāni tāni pramāṇāni*).

If [you think that] the 'means of true cognition' are established independently of the 'objects of true cognition', then those *pramāṇas* are *pramāṇas* of nothing (*evaṃ tānimāni pramāṇāni na kasyacit pramāṇāni bhavanti*). Thus there is a defect (*evaṃ doṣaḥ*). If, however, the *pramāṇas* are *pramāṇas* of something, they do not then become 'means of true cognition' independently of the 'objects of true cognition' (*atha kasyacid bhavanti pramāṇāni naivedānīm anapekṣya prameyān arthān pramāṇāni bhavanti*).

XLII. [The opponent may reply:] If it is admitted that they are established in relation [to the objects to be cognized], what defect is there? — [The defect is that] what is [already] established is established [again] (*siddhasya sādhanaṃ syāt*). For something that is not established does not require something else (*nāsiddho 'pekṣate hy anyat*).

If it is admitted that the 'means of true cognition' are established in relation to the 'objects of true cognition', then the four 'means of true cognition', which are [already] established, are established [anew]. — Why? — Because an object that is not established does not require something else]. For instance, Devadatta, who is not [yet] established, does not require anything whatever. But it is not admissible (*iṣṭa*) that something that is [already] established be established [anew]. One does not do something that is [already] done.

Besides:

XLIII. If the *pramāṇas* are at all events (*sarvathā*) established in relation to the *prameyas*, the *prameyas* are not established in relation to the *pramāṇas*.

If the *pramāṇas* are established in relation to the *prameyas*, then the *prameyas* are not established in relation to the *pramāṇas*. — Why? — Because the object to be established (*sādhya*) does not establish the instrument by which it is established (*sādhana*). The *pramāṇas*, however, it is said, are the instruments by which the *prameyas* are established (*sādhanāni ca kila prameyāṇāṃ pramāṇāni*)[1].

[1] This is the ordinary view. But, if it is thought that the *pramāṇas* themselves are established by the *prameyas*, in other words, that they are *sādhyas* in relation to the *prameyas*, which are *sādhanas*, they cannot establish the *prameyas*, for the *sādhya* cannot establish the *sādhana*. — Note the use of the particle *kila* 'it is said'. By this Nāgārjuna reports a view ordinarily accepted in the world. Cf. *MK* **I**, 5.

XLIV. And if the *prameyas* are established even independently of the *pramāṇas*, what do you gain by establishing the *pramāṇas* (*kiṃ te pramāṇasiddhyā*)? That whose purpose they serve is [already] established (*tāni yadarthaṃ prasiddhaṃ tat*).

(The commentary is just a paraphrase.)

XLV. Besides, if you establish the *pramāṇas* in relation to the *prameyas*, then there is certainly an interchange of *pramāṇas* and *prameyas* (*vyatyaya evaṃ sati te dhruvaṃ pramāṇaprameyāṇām*).

Moreover, if you think, in order to avoid the defect stated before[1], that the 'means of true cognition' exist only in relation to the 'objects of true cognition', then there is an interchange of *pramāṇas* and *prameyas*. Your *pramāṇas* become *prameyas*, because they are established by the *prameyas* (*prameyaiḥ sādhitatvāt*). And the *prameyas* become *pramāṇas*, because they establish the *pramāṇas* (*pramāṇānāṃ sādhakatvāt*).

[1] Cf. v. XLI.

XLVI. Now, if you think that through the establishment of the *pramāṇas* are established the *prameyas*, and that through the establishment of the *prameyas* are established the *pramāṇas*, then neither the *prameyas* nor the *pramāṇas* are established for you.

Now, if you think that through the establishment of the *pramāṇas* are established the *prameyas* — because the *prameyas* require the *pramāṇas* — and that through the establishment of the *prameyas* are established the *pramāṇas* — because the *pramāṇas* require the *prameyas* — then neither the *prameyas* nor the *pramāṇas* are established.—Why ?—

XLVII. Because, if the *prameyas* owe their establishment to the *pramāṇas*, and if those *pramāṇas* are to be established by those very *prameyas* (*sidhyanti hi pramāṇair yadi prameyāṇi tāni tair eva sādhyāni ca prameyaiḥ*), how will the *pramāṇas* establish [the *prameyas*] ?

Because, if the *prameyas* owe their establishment to the *pramāṇas*, and if those *pramāṇas* are to be established by those very *prameyas* (*tāni ca pramāṇāni tair eva prameyaiḥ sādhayitavyāni*), [we encounter the following difficulty:] the *prameyas* not having been established, the *pramāṇas* are not established, for their cause (*kāraṇa*)[1] is not established. How, then, will the *pramāṇas*[2] establish the *prameyas* ?

[1] I.e., the *prameyas*.

[2] Which themselves are not yet established.

XLVIII. And if the *pramāṇas* owe their establishment to the *prameyas*, and if those *prameyas* are to be established by those very *pramāṇas*, how will the *prameyas* establish [the *pramāṇas*] ?

And if the *pramāṇas* owe their establishment to the *prameyas*, and if those *prameyas* are to be established by those very *pramāṇas*, [we encounter the following difficulty:] the *pramāṇas* not having been established, the *prameyas* are not established, for their cause[1] is not established. How, then, will the *prameyas*[2] establish the *pramāṇas*[3] ?

[1] I.e., the *pramāṇas*.

[2] Which themselves are not yet established.

[3] In *MK* **XXIII**, 10-11, Nāgārjuna argues in a similar way to show the hollowness of the ideas of good and evil :

anapekṣya śubhaṃ nāsty aśubhaṃ prajñapayemahi/
yat pratītya śubhaṃ tasmāc chubhaṃ naivopapadyate//

anapekṣyāśubhaṃ nāsti śubhaṃ prajñapayemahi/
yat pratītyāśubhaṃ tasmād aśubhaṃ naiva vidyate//

XLIX. If the son is to be produced (*utpādya*) by the father, and if that father is to be produced by that very son, tell me which of these produces which other (*vada tatrotpādayati kaḥ kam*).

Supposing somebody said: the son is to be produced (*utpādaniya*) by the father, and that father is to be produced by that very son, tell me who is to be produced by whom (*kena ka utpādayitavya iti*). In exactly the same manner you say: the *prameyas* are to be established by the *pramāṇas*, and those very *pramāṇas* in turn are to be established by those very *prameyas*. Now, which of these are to be established for you by which others (*tatredānīṃ te katamaiḥ katamāni sādhayitavyāni*)?

L. Tell me which of these is the father, and which other the son. Both of them bear, indeed, the mark of a father and that of a son (*tāv ubhāv api ca pitṛputralakṣaṇadharau*), wherefore we have a doubt here (*yato bhavati no 'tra saṃdehaḥ*).

Of that father and that son, mentioned before, which is the son, and which other the father? Both of them, as producers (*utpādakatvāt*), bear the mark of a father, and, as produced (*utpādyatvāt*), the mark of a son. We have a doubt here: which of these is the father, and which other the son? In just the same manner, of these *pramāṇas* and *prameyas* of yours, which are the *pramāṇas*, and which others the *prameyas*? For both of these, as those which establish (*sādhakatvāt*), are *pramāṇas*, and as those which are to be established (*sādhyatvāt*), *prameyas*. We have a doubt here as to which of these are the *pramāṇas*, and which others the *prameyas*[1].

[1] *Pramāṇa* and *prameya* are relative terms. One exists only in relation to the other. They are 'dependently originated', and hence 'void'. In an absolute sense, there is neither any *pramāṇa* nor any *prameya*. The example of the father and the son indicates it. The father exists only in relation to the son, and the son exists only in relation to the father; in an absolute sense, there is neither a father nor a son:

pitā cen na vinā putrāt kutaḥ putrasya saṃbhavaḥ|
putrābhāve pitā nāsti tathāsattvaṃ tayor dvayoḥ|| (Śāntideva, *Bodhicaryāvatāra* IX, 114.) [ed. by P. L. Vaidya, Darbhanga, 1960]).

We should not conclude, however, that Nāgārjuna does not recognize any empirical validity of the *pramāṇas* and the *prameyas*, of the ideas of the father and the son, and so on. On the contrary, he would say, in accord with his doctrine of action (*supra*, p. 91; *infra*, vv. LIV-LVI), that it is their 'voidness' which establishes their empirical validity. If 'voidness', i.e. 'dependent origination', is denied, then they become the suprarelational Absolute, and thus annul themselves as such. — Cf. Candrakīrti, *MKV*, p. 69.

LI. The *pramāṇas* are not established by themselves (*svataḥ*) or by one another (*parasparataḥ*) or by other *pramāṇas* (*parapramāṇaiḥ*)[1]. Nor are they established by the *prameyas*, or accidentally (*akasmāt*)[2].

Perception (*pratyakṣa*) is not established by that very perception, inference (*anumāna*) is not established by that very inference, comparison (*upamāna*) is not established by that very comparison, and testimony (*āgama*) is not established by that very testimony. Nor are they established by one another, i.e., perception by inference, comparison and testimony, inference by perception, comparison and testimony, comparison by perception, inference and testimony, and testimony by perception, inference and comparison. Nor are perception, inference, comparison and testimony established, respectively (*yathāsvam*), by another perception, another inference, another comparison, and another testimony. Nor are the *pramāṇas* established by the *prameyas*, taken collectively or severally (*samastavyastaiḥ*), included in their own field or in those of the other *pramāṇas* as well (*svaviṣayaparaviṣayasaṃgṛhītaiḥ*). Nor are they established accidentally. Nor again are they established by a combination of the causes mentioned before (*samuccayenaiteṣāṃ kāraṇānāṃ pūrvoddiṣṭānām*), whatever their number: twenty, thirty, forty or twenty-six[3].—In these circumstances, your statement: 'Because the things to be cognized are to be apprehended through the means of true cognition (*pramāṇādhigamyatvāt prameyāṇāṃ bhāvānām*), those things to be cognized (*prameyā bhāvāḥ*) exist as well as those means of true cognition through which those things to be cognized are apprehended (*santi ca te prameyā bhāvās tāni ca pramāṇāni yais te pramāṇaiḥ prameyā bhāvāḥ samadhigatā iti*)', is not valid.

[1] I do not see how the correction suggested by Arnold Kunst in his *Preface*, p. 35, can be accepted.

[2] Cf. *MK* I, 1:

na svato nāpi parato na dvābhyāṃ nāpy ahetutaḥ/
utpannā jātu vidyante bhāvāḥ kvacana kecana//

[3] What is the meaning of these numbers, and especially of the number twenty-six, which closes the series? We obtain, in fact, the number twenty, if we combine the causes enumerated above, up to 'another testimony'. Perhaps the author wants, first, to increase that number by ten, then that number again by ten, and finally to

multiply twenty by some number. Instead of *ṣaṭviṃśati* (sic), I am tempted to read *śataviṃśati* 'hundred times twenty'. All that, of course, is mere conjecture.

[Refutation of the fourth objection; see v. VII above]

LII. If people conversant with the state of things say that the good things have a good intrinsic nature, that has to be stated in detail (*evaṃ pravibhāgenābhidheyaḥ syāt*).

People conversant with the state of things think that the good things have a good intrinsic nature. But that has to be stated by you in detail: this is that good intrinsic nature; these are those good things; this is that good consciousness (*kuśalaṃ vijñānam*); this is that intrinsic nature of the good consciousness (*kuśalavijñānasvabhāva*), and so on (*evaṃ sarveṣām*). This, however, is not seen to be so (*na caitad evaṃ dṛṣṭam*). Thus your statement that the intrinsic nature of each individual thing has been explained (*yathāsvam upadiṣṭaḥ*) is not valid.

Furthermore:

LIII. If the good intrinsic nature originates dependently (*pratītya utpadyate*), it is an extrinsic nature (*parabhāva*) of the good things. How can it be thus their intrinsic nature (*svabhāva evaṃ kathaṃ bhavati*) ?

If the intrinsic nature of the good things originates in dependence upon the cause-condition complex (*hetupratyayasāmagrīṃ pratītyotpadyate*), how can it, being born of an extrinsic nature (*parabhāvād utpannaḥ*), be the intrinsic nature of the good things ? The same holds true of the bad and other things (*evam evākuśalaprabhṛtīnām*). — In these circumstances, your statement that the good intrinsic nature of the good things has been explained, as well as the bad intrinsic nature of the bad things, and so on, is not valid.

LIV. Now, if [you think:] that intrinsic nature of the good things originates without depending on anything (*na pratītya kiṃcit*), then there would be no practice of religious life (*evaṃ syād vāso na brahmacaryasya*)[1].

Now, if you think that the good intrinsic nature of the good things originates without depending on anything, and that the same is true of the bad intrinsic nature of the bad things and of the indeterminate (*avyākṛta*) intrinsic nature of the indeterminate things, then there is no practice of religious life (*evaṃ saty abrahmacaryavāso bhavati*).— Why ? — Because, if this is so, one rejects Dependent Origination (*pratītyasamutpādasya hy evaṃ sati pratyākhyānaṃ bhavati*). By rejecting Dependent Origination, one rejects the vision of Dependent Origination (*pratītyasamutpādasya pratyākhyānāt pratītyasamutpādadarśanapratyākhyānaṃ bhavati*). For if Dependent Origination does not exist, there can be no question of its vision (*na hy avidyamānasya pratītyasamutpādasya darśanam upapadyamānaṃ bhavati*). If there is no vision of Dependent Origination, there is no vision of Dharma. For the Lord has said: 'O monks, he who sees the *pratītyasamutpāda* sees the Dharma'[2]. [And] if one does not see the Dharma, there is no practice of religious life (*dharmadarśanābhāvād brahmacaryavāsābhāvaḥ*).

Or, rejecting Dependent Origination, one rejects the origination of sorrow (*atha vā pratītyasamutpādapratyākhyānād duḥkhasamudayapratyākhyānaṃ bhavati*). For Dependent Origination is the origination of sorrow (*pratītyasamutpādo hi duḥkhasya samudayaḥ*). By rejecting the origination of sorrow, one rejects sorrow (*duḥkhasamudayasya pratyākhyānād duḥkhapratyākhyānaṃ bhavati*). For, if there is no origination, how will that sorrow originate (*asati hi samudaye tat kuto duḥkhaṃ samudeṣyati*)? If sorrow and [its] origination are rejected, then the cessation (*nirodha*) of sorrow is rejected. For if there is no origination of sorrow, what will come to cease through abandonment (*kasya prahāṇān nirodho bhaviṣyati*)? [And] if the cessation of sorrow is rejected, the Way (*mārga*) is rejected. For, if there is no cessation of sorrow, for obtaining what will there be a way leading to the cessation of sorrow (*kasya prāptaye mārgo bhaviṣyati duḥkhanirodhagāmī*)? Thus, the Four Noble Truths will cease to exist (*evaṃ caturṇām āryasatyānām abhāvaḥ*). If they do not exist, there is no result of monasticism (*śrāmaṇyaphala*). For it is through the vision of [those] Truths that the results of monasticism are attained (*satyadarśanāc chrāmaṇyaphalāni hi samadhigamyante*). [And] if the results of monasticism do not exist, there is no practice of religious life.

[1] Apparently, the Mādhyamika's assertion that all things are void ruins the foundation of all religious practice. But the Mādhyamika says in reply that it is on the contrary if things are *not void*, that all religious practice becomes meaningless. Voidness is 'dependent origination' (*pratītyasamutpāda*). But if there is no 'dependent origination', then there is no sorrow, no origination of sorrow, and for that reason, no destruction of sorrow and no way leading to that destruction. Everything is immut-

able, free from the vicissitudes of the empirical world, being the Absolute itself. Thus, if Voidness is not admitted, the Four Noble Truths, which constitute the foundation of all religious practice in Buddhism, cannot be understood. — The whole thing has to be read along with *MK* **XXIV** (cf. E. Frauwallner's introduction to his translation of this chapter, pp. 187ff.). See also p.91 above, and the concluding verse of our treatise.

[2] This is a quotation from the *Śālistamba-sūtra* (cf. *Mahāyāna-Sūtra-saṃgraha* I [ed. by P. L. Vaidya, Darbhanga, 1961], p. 100). For the Pāli version see *Majjhima-Nikāya* I, pp. 190-1 (Pāli Text Society edition). — *Dharma*, as equivalent to *pratītya-samutpāda*, does not mean the Absolute Truth (in which there is no dependent origination: cf. *supra*, p.91), but is only a *negative expression* of the Absolute. Cf. Ātman-Brahman, pp. 95, 97.

Furthermore:

LV. There would be neither merit (*dharma*) nor demerit (*adharma*) nor the worldly conventions (*saṃvyavahārāś ca laukikāḥ*). All things, being endowed with an intrinsic nature, would be permanent — for that which has no cause is permanent (*nityāś ca sasvabhāvāḥ syur nityatvād ahetumataḥ*).

If this is so, what defect follows for you who reject Dependent Origination (*evaṃ sati pratītyasamutpādaṃ pratyācakṣāṇasya bhavataḥ ko doṣaḥ prasajyate*)? — There is no merit. There is no demerit. Nor do exist the worldly conventions. — Why? — Because all that is dependently originated; how will it be, if there is no dependent origination (*pratītyasamutpannaṃ hy etat sarvam*; *asati pratītyasamutpāde kuto bhaviṣyati*)? Moreover, being endowed with an intrinsic nature (*sasvabhāva*), not dependently originated (*apratītyasamutpanna*) and devoid of a cause (*nirhetuka*), it would be permanent (*nitya*)[1]. — Why ? — Because things that have no cause are permanent (*nirhetukā hi bhāvā nityāḥ*). — There would thus follow that very non-practice of religious life (*sa eva cābrahmacaryavāsaḥ prasajyeta*). And you would contradict your own tenet (*svasiddhāntavirodhaś ca*)[2]. — Why ? — Because the Lord has taught that all conditioned things are impermanent (*anityā hi bhagavatā sarve saṃskārā nirdiṣṭāḥ*). They become permanent, because they are [supposed to be] endowed with an intrinsic nature and hence [to be] permanent (*te sasvabhāvanityatvān nityā hi bhavanti*).

[1] The sentence, *api ca sasvabhāvo 'pratītyasamutpanno nirhetuko nityaḥ syāt*, does not seem to be all right. The editors suggest: 'sc. *bhāvaḥ*?' (Text, p. 75, n. 8). But it would perhaps be better to read: *sasvabhāvam apratītyasamutpannaṃ nirhetukaṃ nityaṃ syāt*.

[2] I do not see why we *should* conclude from this that the objection formulated in v. VII springs from a Hīnayānist (cf. p.100, above). The Naiyāyika realist, who uses against Nāgārjuna, a Buddhist, the standpoint of the Buddhist realists, must also accept their tenet — in order to be consistent with himself. Nāgārjuna here uses against his opponent what is commonly regarded as the essence of the Buddha's teaching, namely that all conditioned things are impermanent (*anitya*).

LVI. And the same defect exists also with regard to the bad things, the indeterminate things, those things which lead to emancipation, and so on (*nairyāṇikādiṣu*). Thus, all that is conditioned certainly becomes for you unconditioned (*tasmāt sarvaṃ saṃskṛtam asaṃskṛtaṃ te bhavaty eva*).

And the same method that has been indicated, concerning the good things (*yaś caiṣa kuśaleṣu dharmeṣu nirdiṣṭaḥ kalpaḥ*), applies also to the bad things, to the indeterminate things, to those things which lead to emancipation, and so on (*nairyāṇikaprabhṛtiṣu*). Thus all that, though conditioned, turns out to be unconditioned for you (*tasmāt te sarvam idaṃ saṃskṛtam asaṃskṛtaṃ saṃpadyate*). — Why ? — Because, there being no cause, there is no origination, no subsistence and no destruction (*hetau hy asaty utpādasthitibhaṅgā na bhavanti*). [And] there being no origination, no subsistence and no destruction, all that is conditioned turns out to be unconditioned, because of the absence of the specific characters of the conditioned (*saṃskṛtalakṣaṇābhāvāt*)[1].— In these circumstances, your statement that all things are non-void because the good and other things have an intrinsic nature (*kuśalādīnāṃ bhāvānāṃ svabhāvasadbhāvād aśūnyāḥ sarvabhāvā iti*), is not valid.

[1] Cf. *MK* **VII**. See also on the question of the characters of the conditioned P. S. Jaini, *Abhidharmadīpa* with *Vibhāṣāprabhāvṛtti* (Patna : Kashi Prasād Jayaswal Research Institute, second edition, 1977—*Tibetan Sanskrit Works Series* IV), pp. 104-5 with the notes.

[Refutation of the fifth objection; see v. IX above]

LVII. He who says that the name (*nāman*) is existent (*sadbhūta*), deserves indeed the answer from you: 'There is an intrinsic nature'[1]. We, however, do not say that (*brūmaś ca na vayaṃ tat*).

He who says that the name is existent, deserves the answer from you: 'There is an intrinsic nature'. That intrinsic nature, which is designated by the existent name, must also be, for that reason, existent (*yasya sadbhūtaṃ nāma svabhāvasya tasmāt tenāpi svabhāvena sadbhūtena bhavitavyam*). For a non existent intrinsic nature cannot have an existent name (*na hy asadbhūtasya svabhāvasya sadbhūtaṃ nāma bhavati*). We, however, do not say that the name is existent. Since the things have no intrinsic nature, that name also is devoid of an intrinsic nature (*niḥsvabhāva*). For that reason, it is void (*śūnya*), and, being void, it is non-existent (*asadbhūta*). — In these circumstances, your statement that because of the existence of the name (*nāmasadbhāvāt*) the intrinsic nature is existent (*sadbhūtaḥ svabhāvaḥ*), is not valid.

[1] *sasvabhāva ity evaṃ bhavatā prativaktavyo nāma.* — *sasvabhāva* here is used as the opposite of *niḥsvabhāva* or *asvabhāva* 'absence of intrinsic nature'(v. IX, *Vṛtti* on LIX). Let us remember that according to the opponent, there can be no name without an object. The name 'absence of intrinsic nature' proves, therefore, that very intrinsic nature which it is supposed to deny. The Mādhyamika's reply to this is that the name 'absence of intrinsic nature' does not exist any more than all other things.

Furthermore:

LVIII. Does this name 'non-existent' designate something existent or non-existent (*nāmāsad iti ca yad idaṃ tat kiṃ nu sato bhavaty utāpy asataḥ*)? Be it the name of an existent or of a non-existent, in both ways your position is abandoned (*yadi hi sato yady asato dvidhāpi te hīyate vādaḥ*).

Does this name 'non-existent' designate something existent or non-existent? **Be it the name of an existent or of a non-existent**, in both ways the proposition (*pratijñā*) is abandoned. First, if [the thing named is] existent, the proposition ['The name is:] "Non-existent"' is abandoned. For the same thing cannot be now non-existent, now existent (*na hidānīṃ tad asad idānīṃ sat*). Then, if [you say that the thing named is] non-existent, [it has to be replied:] that which is non-existent has no name (*asadbhūtasya nāma na bhavati*)[1].—Thus your proposition that the name has an existent intrinsic nature is abandoned (*tasmād yā pratijñā nāmnaḥ sadbhūtaḥ svabhāva iti sā hīnā*)[2].

[1] For the text cf. Kunst's *Preface*, p.35.

[2] For the opponent, even the name 'non-existent' is existent. But, for the Mādhyamika, it involves a self-contradiction. See also on this self-contradiction B. K. Matilal, 'Reference and Existence in Nyāya and Buddhist Logic', *loc. cit.* pp. 90-93.

Furthermore:

LIX. We have already established the voidness of all things (*sarveṣāṃ bhāvānāṃ śūnyatvaṃ copapāditaṃ pūrvam*). This criticism, therefore, turns out to be one of something which is not a proposition (*sa upālambhas tasmād bhavaty ayaṃ cāpratijñāyāḥ*).

Here we have already established in detail (*vistarataḥ*) the voidness of all things. Even the name has already been stated to be void. Now you, assuming non-voidness, have returned to the charge (*sa bhavān aśūnyatvaṃ parigṛhya parivṛtto vaktum*): If the things had no intrinsic nature, then even the name 'absence of intrinsic nature' would not exist (*yadi bhāvānāṃ svabhāvo na syād asvabhāva iti nāmāpidaṃ na syād iti*). Your criticism, therefore, turns out to be one of something which is not a proposition (*tasmād apratijñopālambho 'yaṃ bhavataḥ saṃpadyate*) We do not say, indeed, that the name is existent (*na hi vayaṃ nāma sadbhūtam iti brūmaḥ*).

Now about your statement [contained in v. X]:

LX. 'Now [you may say:] There is an intrinsic nature, but that does not belong to the things' — this suspicion of yours is not shared by us (*idam āśaṅkitaṃ yad uktaṃ bhavaty anāśaṅkitaṃ tac ca*).

We do not, indeed, deny the intrinsic nature of the things (*na hi vayaṃ dharmāṇāṃ svabhāvaṃ pratiṣedhayāmaḥ*). Nor do we affirm the intrinsic nature of a certain object apart from the things (*dharmavinirmuktasya vā kasyacid arthasya svabhāvam abhyupagacchāmaḥ*). Now, this being so, your criticism: 'If the things are devoid of an intrinsic nature, you should explain to what other object, apart from the things, there now happens to belong the intrinsic nature (*kasya khalv idānim anyasyārthasya dharmavinirmuktasya svabhāvo bhavati*)', is thrown far away (*dūrāpakṛṣṭam evaitad bhavati*). It is no criticism at all (*upālambho na bhavati*)[1].

[1] As we shall see later on (v. LXIV), Nāgārjuna does not 'deny' anything; he only 'makes known' the voidness of the things.

[Refutation of the sixth objection; see v. XI above].

LXI. If [it is true that] negation is only of an existent, then this voidness is established (*śūnyatvaṃ nanu prasiddham idam*) — for you negate the things' being devoid of an intrinsic nature (*pratiṣedhayate hi bhavān bhāvānāṃ niḥsvabhāvatvam*).

If negation is only of an existent and not of a non-existent (*yadi sata eva pratiṣedho bhavati nāsataḥ*), and if you negate the being-devoid-of-an-intrinsic-nature of all things (*bhavāṃś ca sarvabhāvānāṃ niḥsvabhāvatvaṃ pratiṣedhayati*), then the being-devoid-of-an-intrinsic-nature of all things is established (*nanu prasiddhaṃ sarvabhāvānāṃ niḥsvabhāvatvam*). Since, in virtue of your statement (*tvadvacanena*), negation exists (*pratiṣedhasadbhāvāt*)[1], and since the being-devoid-of-an-intrinsic-nature of all things has been negated (*niḥsvabhāvatvasya ca sarvabhāvānāṃ pratiṣiddhatvāt*), voidness is established (*prasiddhā śūnyatā*).

[1] Read *pratiṣedhya*° 'object to be negated' ?

LXII. Or, if you negate voidness and that voidness does not exist (*pratiṣedhayase 'tha tvaṃ śūnyatvaṃ tac ca nāsti śūnyatvam*), then your position that negation is of an existent is abandoned (*pratiṣedhaḥ sata iti te nanv eṣa vihīyate vādaḥ*).

Or, if you negate the being-devoid-of-an-intrinsic-nature of all things, i.e. their voidness, and that voidness does not exist, then your proposition (*pratijñā*) that negation is of an existent and not of a non-existent, is abandoned[1].

[1] The Mādhyamika here uses the opponent's own logic against him. If the latter's proposition that a significant negation is only of an existent is right, then he proves the Mādhyamika's position, by proving the voidness he negates. If, on the other hand, the voidness he negates does not exist, then he abandons his own proposition.

Besides:

LXIII. I do not negate anything, nor is there anything to be negated (*pratiṣedhayāmi nāhaṃ kiṃcit pratiṣedhyam asti na ca kiṃcit*). You, therefore, calumniate me when you say: 'You negate' (*tasmāt pratiṣedhayasīty adhilaya eṣa tvayā kriyate*)[1].

Even that you could rightly say, if I negated something. I, however, do not negate anything, for there is nothing to be negated (*na caivāhaṃ kiṃcit pratiṣedhayāmi, yasmān na kiṃcit pratiṣeddhavyam asti*). Thus, while, all things being void, there is neither a thing to be negated (*pratiṣedhya*) nor a negation (*pratiṣedha*), you make an absurd calumny (*aprastuto 'dhilayaḥ*) when you say: 'You negate'.

[1] *adhilaya* 'calumny' has been recorded so far only in *MK* (F. Edgerton, *Buddhist Hybrid Sanskrit Dictionary* [New Haven: Yale University Press, 1953], s.v.).

Now about your statement (contained in v. XII):

LXIV. Regarding your assertion that the statement of the negation of a non-existent is established without words (*ṛte vacanād asataḥ pratiṣedhavacanasiddhir iti*), we observe: Here speech makes it known as non-existent, it does not deny it (*atra jñāpayate vāg asad iti tan na pratinihanti*).

Regarding your statement: 'The negation of a non-existent is established even without words; what purpose is, therefore, served by your statement "All things are devoid of an intrinsic nature" (*tatra kiṃ niḥsvabhāvāḥ sarvabhāvā ity etat tvadvacanaṃ karoti*)?', we observe: The statement: 'All things are devoid of an intrinsic nature', does not make all things devoid of an intrinsic nature (*niḥsvabhāvāḥ sarvabhāvā ity etat khalu vacanaṃ na niḥsvabhāvān eva sarvabhāvān karoti*). But, since there is no intrinsic nature (*asati svabhāve*), it makes known (*jñāpayati*) that the things are devoid of an intrinsic nature (*bhāvā niḥsvabhāvā iti*). Here is an example: While Devadatta is not in the house, somebody says that Devadatta is in the house (*avidyamānagṛhe Devadatte 'sti gṛhe Devadatta iti*)[1]. On that occasion, somebody tells him in reply: 'He is not [in the house]'. That statement does not create Devadatta's non-existence, but only makes known Devadatta's non-existence in the house (*na tad vacanaṃ Devadattasyāsadbhāvaṃ karoti, kiṃ tu jñāpayati kevalam asaṃbhavaṃ gṛhe Devadattasya*). Similarly the statement 'The things have no intrinsic nature' does not create the being-devoid-of-an-intrinsic-nature of the things, but makes known the absence of an intrinsic nature in all things (*na bhāvānāṃ niḥsvabhāvatvaṃ karoti, kiṃ tu sarvabhāveṣu svabhāvasyābhāvaṃ jñāpayati*). — In these circumstances, your statement: 'If there is no intrinsic nature, what purpose is served by the statement "There is no intrinsic nature"? The absence of an intrinsic nature is established even without words', is not appropriate (*na yuktam*)[2].

[1] '*avidyamānagṛha* is a curious compound but occurs in other texts'. (Text, p. 80, n. 14).

[2] Nāgārjuna is not unaware of the weight of the Naiyāyika's objection. It does not, however, apply to him, for he does not negate anything but only 'makes known' the voidness, i.e. the 'dependent origination', of the things, where people wrongly see their non-voidness. — In the *Madhyamakakārikās* Nāgārjuna often uses the Naiyāyika's principle in his own argumentations. Candrakīrti makes this clear in his comments. Thus in *Prasannapadā* on **XXVII**, 28 he writes: *pratiṣedhyasya vastuno 'saṃbha-*

vât pratiṣedhasyâpy asaṃbhava ity ato 'ntavattve cânantavattve cobhayasminn apratite kasya pratiṣedhena naivântavān nânantavān loka iti dṛṣṭisaṃbhavaḥ syād iti. The point under discussion here has also been clearly stated by Candrakīrti in his comment on *MK* **XV,** 11 (***MKV*, p. 273, l.** 12-274, l.4).--It is possible that Nāgārjuna here drew his inspiration from Patañjali's *Mahābhāṣya* on Pāṇini II, 2, 6, where the grammarian discusses whether the negative particle *nañ* creates absence or simply makes absence known (*Mahābhāṣya*, Kielhorn's edition, Vol. I, third edition by K.V. Abhyankar, Poona: Bhandarkar Oriental Research Institute, 1962, p. 411, ll. 3ff.). See also Vātsyāyana's *Bhāṣya* on *Nyāyasūtra* II, 1, 11, end, and Uddyotakara's *Vārttika*: *na ca pratiṣedhasyaitat sâmarthyaṃ yad vidyamānaṃ padārtham anyathā kuryāt. jñāpakatvāc ca na saṃbhavanivṛttiḥ. jñāpako 'yaṃ pratiṣedho na saṃbhavanivartaka iti.*

[Refutation of the seventh objection].

Now about the four verses (XIII-XVI) uttered by you:

LXV. You have introduced a great deliberation (*mahāṃś carcaḥ*) with the example of the mirage. Listen to the decision in that matter also (*tatrāpi nirṇayaṃ śṛṇu*), showing how that example is appropriate (*yathā sa dṛṣṭānta upapannaḥ*).

(The commentary is a mere paraphrase — *Carca* — an Uncommon word — is repeated.)

LXVI. If that perception were by its own nature, it would not be dependently originated (*sa yadi svabhāvataḥ syād grāho na syāt pratitya saṃbhūtaḥ*). That perception, however, which comes into existence dependently is voidness indeed (*yaś ca pratitya bhavati grāho nanu śūnyatā saiva*).

If that perception of a mirage as water (*mṛgatṛṣṇāyāṃ sa yathājalagrāhaḥ*)[1] were by its own nature, it would not be dependently originated. Since, however, it comes into existence in dependence upon the mirage, the wrong sight (*viparitaṃ darśanam*) and the distracted attention (*ayoniśomanaskāra*), it is dependently originated (*pratityasamutpanna*). And since it is dependently originated, it is indeed void by its own nature (*svabhāvataḥ śūnya eva*) -- as previously stated (*yathā pūrvam uktaṃ tathā*).

[1] Cf. *supra*, p.104, n. 1 on XIII.

Furthermore:

LXVII. If that perception were by its own nature, who would remove that perception (*kas taṃ nivartayed grāham*)? The same method applies to the rest [of the things] too (*śeṣeṣv apy eṣa vidhiḥ*). Hence this is a non-criticism (*tasmād eṣo 'nupālambhaḥ*).

If the perception of water in a mirage (*mṛgatṛṣṇāyāṃ jalagrāhaḥ*) were by its own nature, who indeed would remove it? For an intrinsic nature cannot be removed (*na hi svabhāvaḥ śakyo vinivartayitum*): e.g., the heat of fire, the fluidity of water, the openness (*nirāvaraṇatva*) of space[1]. Its removal, however, is seen (*dṛṣṭaṃ cāsya vinivartanam*). The intrinsic nature of the perception is, therefore, void (*tasmāc chūnyasvabhāvo grāhaḥ*). The same method (*krama*) is to be understood (*pratyavagantavya*) with regard to the rest of the things too (*śeṣeṣv api dharmeṣu*), viz., the five things beginning with the object to be perceived (*grāhyaprabhṛtiṣu pañcasu*)[2]. — In these circumstances, your statement that all things are non-void because of the existence of the aggregate of the six (*ṣaṭkabhāvāt*), is not valid[3].

1 Cf. *MK* **XXIII**, 24, with Candrakīrti's comment. On the 'openness' of space cf. S. Bhaduri, *Studies in Nyāya-Vaiśeṣika Metaphysics* (Poona: Bhandarkar Oriental Research Institute, 1947 [reprint: 1975]), p. 164.

2 Cf. v. XIV.

3 According to the realist, the Mādhyamika cannot avoid the difficulty he has been put into, even by affirming that, in saying 'All things are devoid of an intrinsic nature', he only negates a wrong perception of a non-existent, comparable to the perception of water in a mirage. For even when one claims to negate a wrong perception of a non-existent, one is bound to admit the six things, viz., the perception, the object to be perceived, the perceiver, the negation, the object to be negated, and the negator (v. XIV). — The Mādhyamika's rejoinder to this is that the opponent's criticism springs from a misunderstanding of the meaning of 'being devoid of an intrinsic nature'. When the Mādhyamika says that all things are 'devoid of an intrinsic nature' or 'void', he does not at all mean to say that they are non-existent, but only that they are 'dependently originated'. The six things of which the opponent speaks exist *only insofar as they are dependently originated* (cf. *supra*, p.123, n. 1 on L).

Perhaps we may pursue our elucidation of this passage further. Nāgārjuna does not confound truth and error. He can distinguish just as a realist can between delusive and non-delusive perceptions, and by the same criteria. The heat of fire, the fluidity of water, and so on, are not just the same thing as the perception of water in a mirage. The latter is erroneous and hence can be removed by a knowing person, whereas the truth of the former is not questioned by anybody in the world. But when Nāgārjuna says that the heat of fire is an 'intrinsic nature' (*svabhāva*), he does not mean to say that it is so in an absolute sense. The heat of fire, too, is 'dependently originated' (cf. Candrakīrti, *MKV*, pp. 260ff.). Truth and error have this in common, that both are 'dependently originated'. The example of the mirage has been chosen because it is the most comprehensive, including as it does not only the perception, the object to be perceived and the perceiver, but also the negation, the object to be negated and the negator. Empirically speaking, all these exist, being related to one another; but in an absolute sense, none of these can be said to exist — for the very same reason that they are 'dependently originated'.

Thus, the doctrine of voidness has a twofold function: on one hand, it establishes the empirical reality; on the other, it points to its Beyond.

[Refutation of the eighth objection; see v. XVII above].

LXVIII. The case being the same (*samatvāt*), we have already answered by what precedes [the objection of] absence of reason (*hetvabhāva*), which was stated in [your] refutation of the example of the mirage (*mṛgatṛṣṇādṛṣṭāntavyāvṛttividhau ya uktaḥ prāk*).

It should be understood (*avagantavya*) that by the preceding deliberation (*carcena pūrvoktena*) we have also answered [the objection of] absence of reason. The same deliberation, which was stated in the preceding reason (*pūrvasmin hetau*), for the negation of the aggregate of the six (*ṣaṭkapratiṣedhasya*), should also be considered here (*ihāpi carcayitavyaḥ*)[1].

[1] Why are all things 'void' or 'devoid of an intrinsic nature'? The Mādhyamika's 'reason' is that they are 'dependently originated' (*pratītyasamutpanna*). Put in the standard Naiyāyika form of syllogistic inference (*anumāna*), it comes to this:

(1) *Pratijñā* (Proposition):	*niḥsvabhāvāḥ sarvabhāvāḥ* (All things are devoid of an intrinsic nature).
(2) *Hetu* (Reason):	*pratītyasamutpannatvāt* (Because of being dependently originated).
(3) *Udāharaṇa* (Exemplification):	*yat pratītyasamutpannaṃ tan niḥsvabhāvaṃ dṛṣṭam: yathā mṛgatṛṣṇāyāṃ jalagrāhaḥ* (What is dependently originated is seen to be devoid of an intrinsic nature: for example, the perception of water in a mirage).
(4) *Upanaya* (Application):	*tathā ca pratītyasamutpannāḥ sarvabhāvāḥ* (Even so are all things dependently originated).
(5) *Nigamana* (Conclusion):	*tasmāt pratītyasamutpannatvān niḥsvabhāvāḥ sarvabhāvāḥ* (Therefore, because of being dependently originated, all things are devoid of an intrinsic nature).

Unlike Bhāvaviveka, a later Mādhyamika, Nāgārjuna does not show any predilection for 'independent inference' (*svatantrānumāna*), for he has no 'position' to defend. His 'position' is, in fact, a 'non-position'. He expresses the Inexpressible. And the best way for him to refute his opponent's criticism is to show the contradictions inherent in the latter's own way of thought (cf. *supra*, p. 89 and n. 4). He is a *prāsaṅgika*, not a *svātantrika*. However, he cannot be accused of not vindicating his position from the standpoint of formal logic. – Cf. Candrakirti's remarks on Buddhapālita, a strict follower of Nāgārjuna (*MKV*, pp. 20-21: Th. Stcherbatsky, *The Conception of Buddhist Nirvāṇa* [Leningrad, 1927], pp. 99ff.).

[Refutation of the ninth objection; see v. XX above].

LXIX. We have already answered [the question relating to] the reason [for a negation] in the three times (*traikālya*)[1], for the case is the same (*samatvāt*). And a counter-reason for the three times (*traikālyapratihetu*) is obtained for the upholders of the doctrine of voidness (*śūnyatāvādināṃ prāptaḥ*).

It has to be understood (*pratyavagantavyo*) that the question why a negation is possible in the three times (*hetus traikālye pratiṣedhavāci*) has already received its answer (*uktottaraḥ*). — Why? — Because the reason is of the same nature as the thesis to be established (*sādhyasamatvāt*). To explain: By virtue of your statement (*tvadvacanena*), a negation is not possible in the three times, and, like the negation, the thing to be negated, too, does not exist[2]. Thus, there being no negation and no object to be negated (*pratiṣedhapratiṣedhye 'sati*), your opinion that the negation has been negated (*yad bhavān manyate pratiṣedhaḥ pratiṣiddha iti*), is untenable. That very reason which expresses a negation of the three times is obtained for the upholders of the doctrine of voidness, for they negate the intrinsic nature of all things, — not for you (*yas trikālapratiṣedhavāci hetur eṣa eva śūnyatāvādināṃ prāptaḥ sarvabhāvasvabhāvapratiṣedhakatvān na bhavataḥ*)[3].

Or it has been answered in the following way:

'I do not negate anything, nor is there anything to be negated. You, therefore, calumniate me when you say: "You negate" '[4].

Now, if you think: the negation is established in all the three times (*triṣv api kāleṣu pratiṣedhaḥ siddhaḥ*); we see the antecedent cause, the subsequent cause, and the simultaneous cause (*dṛṣṭaḥ pūrvakālino 'pi hetuḥ, uttarakālino 'pi, yugapatkālino 'pi hetuḥ*): antecedent cause, e.g., the father as the cause of the son; subsequent cause, e.g., the disciple as the cause of the teacher; simultaneous cause, e.g., the lamp as the cause of the light[5], —we reply: this is not so. For in this way are stated the three former defects (*uktā hy etasmin krame trayaḥ pūrvadoṣāḥ*)[6]. Moreover, if this is so, you admit the existence of a negation, and you abandon your proposition (*api ca yady evam, pratiṣedhasadbhāvas tvayābhyupagamyate, pratijñāhāniś ca te bhavati*); the negation of an intrinsic nature is also established in this way (*etena krameṇa svabhāvapratiṣedho 'pi siddhaḥ*).

[1] Cf. v. XX, and *Nyāyasūtra* II, 1, 12, quoted above, p.106, n. 2.

[2] Read: *pratiṣedhas traikālye 'nupapannaḥ, pratiṣedhavat sa pratiṣedhyo 'pi*.

[3] For the realist, a negation is not possible in all the three times (cf. v. XX). The Mādhyamika uses his opponent's own argument to prove that, if the latter's contention is valid, he cannot negate the Mādhyamika's negation. The Mādhyamika himself, however, is safe in his position, for he holds that the three times are as void as all

the other things (cf. *MK* **XIX**). (Note the way in which Nāgārjuna uses the two expressions: *hetus traikālye pratiṣedhavācī* 'reason expressing a negation *in* the three times', and *trikālapratiṣedhavācī hetuḥ* 'reason [for a negation in the three times] which expresses a negation *of* the three times'.) — On *sādhyasama* cf. n. 3 on v. XXVIII above.

[4] V. LXIII above.

[5] Cf. *Laṅkāvatārasūtra, Sagāthaka,* 779 (ed. by B. Nanjio, Kyoto, 1923).
[6] Cf. v. XX.

LXX. All things prevail for him for whom prevails this voidness (*prabhavati ca śūnyateyaṃ yasya prabhavanti tasya sarvārthāḥ*). Nothing prevails for him for whom voidness does not prevail (*prabhavati na tasya kiṃcin na prabhavati śūnyatā yasya*)[1].

For whom this voidness prevails, for him all things — mundane and supramundane (*sarvārthā laukikalokottarāḥ*) — prevail. — Why? — Because Dependent Origination prevails for him for whom voidness prevails. The Four Noble Truths prevail for him for whom Dependent Orignation prevails. The results of monastic life as well as all special acquisitions (*viśeṣādhigama*)[2] prevail for him for whom the Four Noble Truths prevail. The Three Jewels (*triṇi ratnāni*), viz., the Buddha, the Dharma and the Saṃgha, prevail for him for whom all the special acquisitions prevail. For whom Dependent Origination prevails, for him merit (*dharma*), the cause of merit (*dharmahetu*), the result of merit (*dharmaphala*), demerit (*adharma*), the cause of demerit (*adharmahetu*), the result of demerit (*adharmaphala*), — all these prevail. For whom merit and demerit, the causes of merit and demerit and the results of merit and demerit prevail, for him passion (*kleśa*)[3], the origination of passion (*kleśasamudaya*), and the objective grounds of passion (*kleśavastūni*)[4] prevail. For whom all that prevails (*yasyaitat sarvaṃ prabhavati pūrvoktam*), for him the law concerning the happy and the unhappy states (*sugatidurgativyavasthā*), the attainment of those states (*sugatidurgatigamana*), the way leading to those states (*sugatidurgatigāmi mārgaḥ*), the act of passing beyond those states (*sugatidurgativyatikramaṇa*), the means of passing beyond those states (*sugatidurgativyatikramaṇopāya*), and all worldly conventions (*sarvasaṃvyavahārāś ca laukikāḥ*) are established (*vyavasthāpitāḥ*). They are to be understood individually by each person, following this direction (*svayam adhigantavyā anayā diśā*): a part [only] can be taught in words (*kiṃcic chakyaṃ vacanenopadeṣṭum*).

Here again,

I adore that incomparable Buddha (*tam apratimabuddham*) who taught Voidness, Dependent Origination and the Middle Way as equivalent (*ekārtha*)[5].

Here ends this work of the venerable master Nāgārjuna[6].

[1] Cf. *MK* XXIV, 14:
sarvaṃ ca yujyate tasya śūnyatā yasya yujyate|
sarvaṃ na yujyate tasya śūnyaṃ yasya na yujyate||
Concluding the *Vigrahavyāvartanī* with this verse, Nāgārjuna shows that his doctrine of voidness does not reject the empirical world. On the contrary, it establishes on a solid foundation all our activities in the empirical world. — **See above, p.91; p. 123 n. 1 on L; p.134, n. 3; vv. LIV-LVI.**

[2] On this term cf. May, n. 828.

[3] Cf. *MK* XXIII.

[4] On *vastu* cf. *MK* XXIII, 7, with Candrakirti's comment (May, [p. 185 and n. 603).

[5] Cf. *MK* XXIV, 18, quoted on p. 93, n. 12, above.

[6] That both the *kārikās* and the *vṛtti* were composed by Nāgārjuna is clearly stated by Candrakirti, *MKV*, pp. 25, 30.

ABBREVIATIONS AND BIBLIOGRAPHICAL REFERENCES

(For the works rather frequently used)

Ātman-Brahman —K. Bhattacharya, *L'Ātman-Brahman dans le Bouddhisme ancien*, Paris 1973 (*Publications de l'Ecole francaise d'Extréme-Orient*, Vol. XC).

Frauwallner —E. Frauwallner, *Die Philosophie des Buddhismus*, Berlin 1956 (third edition : 1969).

JIP —*Journal of Indian Philosophy*, Dordrecht, Holland: D. Reidel Publishing Company.

May —J. May, *Candrakīrti*: *Prasannapadā Madhyamakavṛtti* (Douze chapitres traduits du sanscrit et du tibétain...), Paris 1959.

MK —Nāgārjuna, (*Mūla-*)*Madhyamaka-kārikā*, ed. by L. de La Vallée Poussin, St. — Pétersbourg 1903-13 (*Bibliotheca Buddhica* IV).

MKV —Candrakīrti's commentary on the preceding, called *Prasannapadā Madhyamakavṛtti*; same edition.

Murti —T. R. V. Murti, *The Central Philosophy of Buddhism* : *A Study of the Mādhyamika System*, London 1955.

Bhāsarvajña, *Nyāyabhūṣaṇa*, ed. by Svāmī Yogīndrānanda, Varanasi 1968.

Jayantabhaṭṭa, *Nyāyamañjarī*, ed. by Mahāmahopādhyāya Gaṅgādhara Śāstri Tailaṅga, Benares 1895 (*Vizianagram Sanskrit Series* No. 10).

Nyāyasūtra. The following editions have been used :

Ed., with Vātsyāyana's *Bhāṣya*, by Gaṅgānātha Jha. *Poona Oriental Series* No. 58, Poona 1939. —*The Nyāya-Darshana. The Sūtras of Gautama and Bhāṣya of Vātsyāyana with two commentaries*: (1) *The Khadyota by Mahāmahopādhyāya Gaṅgānātha Jhā, and* (2) *The Bhāṣyacandra by Raghūttama—up to Adhyāya iii, Āhnika ii, Sūtrā 17 only. With Notes by Pandit Ambādās Shastri*. Edited by Mahāmahopādhyāya Gaṅgānātha Jhā and Pandit Ḍhuṇḍhirāja Shāstri Nyāyopādhyāya, Benares 1925 (*Chowkhambā Sanskrit Series*). [Contains also the *Nyāyasūcīnibandha* of Vācaspatimiśra]. —Ed. with Vātsyāyana's *Bhāṣya*, and Viśvanātha's *Vṛtti*, *Ānandāśrama Sanskrit Series* 91, Poona 1922. —*Nyāyadarśana* I, edited with Vātsyāyana's *Bhāṣya*, Uddyotakara's *Vārttika*, Vācaspatimiśra's *Tātparyaṭīkā*, and Viśvanātha's *Vṛtti*, by Tārānātha Nyāya-Tarkatritha and Amarendramohan Tarkatirtha, Calcutta 1936 (*Calcutta Sanskrit Series* XVIII). Up to the end of Adhyāya III only.—W. Ruben, *Die Nyāyasūtra's*: *Abhandlungen für die Kunde des Morgenlandes* XVIII, 2, Leipzig: Deutsche Morgenländische Gesellschaft, 1928. (My references are to Jha's edition in *Poona Oriental Series*.)

Śaṅkara, *Brahmasūtrabhāṣya*, edited with the Commentaries *Bhāmatī*, *Kalpataru* and *Parimala*, by Anantakṛṣṇa Śāstri, Nirṇaya Sagar Press, Bombay: Second Edition, 1938.

Śāntideva, *Bodhicaryāvatāra*, with Prajñākaramati's *Pañjikā*, ed. by P.L. Vaidya, Darbhanga: Mithila Institute, 1960 (*Buddhist Sanskrit Texts* No. 12).

Tucci —G. Tucci, *Pre-Diṅnāga Buddhist Texts on Logic from Chinese Sources*, Baroda, 1929 (*Gaekwad's Oriental Series* XLIX).

Uddyotakara, *Nyāyavārttika*. *Bibliotheca Indica* Edition. See also above : *Nyāyasūtra*.

Vaiśeṣikasūtra, edited with the Commentary of Candrānanda, by Muni Śrī Jambūvijayaji, Baroda, 1961 (*Gaekwad's Oriental Series* No. 136).

Vātsyāyana. *Nyāvabhāṣya*. See above: *Nyāyasūtra*.

Yamaguchi —*Traité de Nāgārjuna*: *Pour écarter les vaines discussions* [Vigrahavyāvartanī], traduit et annoté par Susumu Yamaguchi, in *Journal Asiatique* (Paris), juillet-septembre 1929, pp. 1-86.

A complete translation of Nāgārjuna's major work, the *Madhyamakakārikās*, along with Candrakīrti's *Prasannapadā*, is now available:

Th. Stcherbatsky, *The Conception of Buddhist Nirvāṇa*, Leningrad, 1927, and Delhi, 1978 (chapters I, XXV).

St. Schayer, *Ausgewählte Kapitel aus der Prasannapadā*, W. Krakowie, 1931 (chapters V, XII-XVI).

St. Schayer, 'Feuer und Brennstoff', *Rocznik Orjentalistyczny* VII, 1931, pp. 26-52 (chapter X).

E. Lamotte, *Le Traité de l'acte de Vasubandhu, Karmasiddhiprakaraṇa*, Bruges, 1936 (extrait des *Mélanges chinois et bouddhiques* publiés par L'Institut Belge des Hautes Etudes Chinoises, Vol. IV), pp. 121-44 (chapter XVII).

J.W. de Jong, *Cinq chapitres de la Prasannapadā*, Paris, 1949 (chapters XVIII-XXII).

J. May, *Candrakīrti*: *Prasannapadā Madhyamakavṛtti*. Paris, 1959 (chapters II-IV,VI-IX, XI, XXIII-XXIV, XXVI-XXVII). This work contains also an important bibliography. (On chapters II and VIII see my 'Nāgārjuna's Arguments against Motion: Their Grammatical Basis', in *A Corpus of Indian Studies* : *Essays in Honour of Professor Gaurinath Sastri*, Calcutta, 1980, pp. 85-95; 'The Grammatical Basis of Nāgārjuna's Arguments: Some Further Considerations', in *Indologica Taurinensia* [Torino] VIII-IX [1980-81]: *Sternbach Commemoration Volume*, pp. 35-43; 'La signification du Madhyamaka : Reconsidération des arguments de Nāgārjuna contre le mouvement', in *Cultura Sánscrita* : *Memoria del Primer Simposio Internacional de Lengua Sánscrita*, México, 1984, pp. 89-99; 'Nāgārjuna's Arguments against Motion', in *Journal of the International Association of Buddhist Studies* 8 [1985], pp. 7-15; 'Back to Nāgārjuna and Grammar', in *Adyar Library Bulletin* 59 [1995]: *C. Kunhan Raja Birth Centenary Volume*, pp. 178-189).

Besides, R. Gnoli's *Nāgārjuna* : *Madhyamaka Kārikā*, in Italian (Torino, 1961), gives a complete translation of Nāgārjuna's *Kārikās*, and E. Frauwallner's *Die Philosophie des Buddhismus*, pp. 178ff., 243ff., gives a translation of the chapters I, XV, XVIII, XXIV and XXV of Nāgārjuna's *Kārikās*, and of part of chapter I of Candrakīrti's *Prasannapadā*.

On Nāgārjuna's works and philosophy see also now David Seyfort Ruegg, *The Literature of the Madhyamaka School of Philosophy in India*, Wiesbaden, 1981 (*A History of Indian Literature*, edited by J. Gonda, Vol. VII, Fasc. 1); Chr. Lindtner, *Nagarjuniana: Studies in the Writings and Philosophy of Nāgārjuna*, Copenhagen: Akademisk Forlag, 1982 (*Indiske Studier* IV). The latter work gives also a critical edition of *Kārikās* of the *Vigrahavyāvartanī* with the Tibetan.

INDEX OF THE SIGNIFICANT NYĀYA TECHNICAL TERMS USED IN THE *VIGRAHAVYĀVARTANĪ*[1]

dṛṣṭānta = upamāna. *Kārikā* VI (*upamāna* in the *vṛtti*).

dṛṣṭāntavirodha. *Vṛtti* on *kārikā* II (cf. Translation, p. 97, n. 4).—A variety of *pratijñāvirodha*, which is a *nigrahasthāna* 'ground of defeat.' (**Uddyotakara, *Nyāyvārttika*** on *Nyāysūtra*. V. 2, 4:)

pratijñāhāni (also *vādahāni*). *Kārikās* XXIV (cf. *kārikā* II), XXXIII, LVIII, LXII and *vṛtti* on *kārikās* XXXI and LXIX. Also a *nigrahasthāna*.

sādhyasama. XXVIII, LXIX. Cf. Translation, Note 3 on XXVIII.

siddhasādhana. XLII. Cf. also *MK* X, 9, and Candrakīrti's comment (which gives the same example as the *vṛtti* on *kārikā* XLII of our text: *na hy avidyamāno Devadatto gṛhe kaṃcid apekṣate*)—A fallacious reason (*hetvābhāsa*) according to the old school of Nyāya, but a separate *nigrahasthāna* according to the modern school.

svasiddhāntavirodha. *Vṛtti* on LV. Cf. *apasiddhānta*, a *nigrahasthāna*.

hetu = dṛṣṭānta XXVIII (cf. Translation, p. 112, n. 1).

1. For detailed references see Glossary in *JIP* 5 (1978), pp. 240-41.

INDEX OF UNCOMMON WORDS

adhilaya LXIII and *vṛtti*.

avidyamānagṛha *Vṛtti* on LXIV.

carca LXV and *vṛtti*.

nigadya XXIV.

naiḥsvābhāvya XVII; XXVI and *vṛtti*; *Vṛtti* on XXVIII.
—See also Vṛṣabha's *Paddhati* on *Vākyapadiya* I, 5 (*Vākyapadiya of Bhartṛhari with the Commentaries Vṛtti and Paddhati of Vṛṣabhadeva*, Kāṇḍa I, edited by K.A. Subramania Iyer, Poona, 1966 [*Deccan College Monograph Series* 32], p. 23, 1. 23; cf. *Indologica Taurinensia* [Torino] VII [1979], p. 110).

yathājalagrāha XIII and *Vṛtti* on LXVI.

vaiṣamikatva II and *Vṛtti*; XXIV and *Vṛtti*; XXXIII and *Vṛtti*.

INDEX OF THE ANCIENT AUTHORITIES QUOTED
IN THE INTRODUCTION AND IN THE NOTES

Āryadeva: *Catuḥśataka* Note 3 on XXVIII (pp. 112-13)

Aṣṭasāhasrikā Prajñāpāramitā Note 2 on XXIX.

Aśvaghoṣa: *Buddhacarita* and *Saundarananda* Note 2 on XXVIII. (p. 112).

Bhāsarvajña: *Nyāyabhūṣaṇa* Note 1 on XX; Note 1 on XXXIX.

Bhāvaviveka Note on LXVIII.

Buddhapālita Note on LXVIII.

Candrakīrti: *Prasannapadā Madhyamakavṛtti* (*MKV*) p. 90; 92, nn. 1 and 4; p. 105; Note 1 on XX; Note on XXII (p. 108); Note 3 on XXVIII (p. 112); Notes 1, 2 and 3 on XXIX; Note on XXXVIII; Note on L; Note 2 on LXIV (pp. 132-33); Notes 1 and 3 on LXVII (p. 134); Note on LXVIII; Notes 4 and 6 on LXX.

—Commentary on the *Catuḥśataka* Note 3 on XXVIII (p. 113).

Gauḍapāda: *Āgamaśāstra* (*Māṇḍūkyakārikā*) Note 1 on XX; Note 1 on XXVIII (p. 112).

Jayantabhaṭṭa: *Nyāyamañjari* Note 1 on XX; Note 1 on XXXIX.

Laṅkāvatārasūtra Note 5 on LXIX

Mahāyāna-Sūtrālaṃkāra Note 2 on XXIX (p. 114).

Majjhima-Nikāya Note 2 on LIV (p. 127).

Maṇḍanamiśra: *Brahmasiddhi* Note on XII.

Nāgārjuna: (*Mūla-*) *Madhyamaka-kārikā* (*MK.*) p. 90; p. 91; p. 92 n. 1; p. 93, nn. 10, 11, 12; Note on XXII (p. 108); Note 1 on XXIII (p. 109); Note 2 on XXVIII (p. 112); Note 2 on XXIX (p. 114); Notes on XXXVI-XL; Note on XLIII; Note 3 on XLVIII; Note 2 on LI; Note 1 on LIV (p. 127); Note on LXIII; Note 2 on LXIV: Notes 1 and 3 on LXVII (p. 134); Note 3 on LXIX (p. 137) Notes 1, 3, 4 and 5 on LXX (p. 138).

—*Vaidalyaprakaraṇa* Note 1 on XX.

Nyāyasūtra p. 92, n. 1; Notes 2 and 3 on II (p. 97); Note 2 on XX; Note 1 on XXVIII (p. 112); Note 1 on XXXI; Note on XXXII (p. 116); Notes 1 and 2 on XXXIII; Note I on LXIX (p. 136).

Pāṇini: *Aṣṭādhyāyi* Note on XXIV.

Patañjali: *Mahābhāṣya* Note on III (p. 98); Note 2 on LXIV (p. 133).

Śaṅkara: *Brahmasūtra-bhāṣya* Note on XII; Note 1 on XX; Note on XXXV.
—*Bṛhadāraṇyakopaniṣad-bhāṣya* Note on XXXV.
—Commentary on the *Āgamaśāstra* Note 1 on XXVIII (p. 112).
—*Upadeśasāhasri* Note on XXXV.
Śālistamba-Sūtra Note 2 on LIV (p. 127).
Śāntideva: *Bodhicaryāvatāra* Note on XXXV; Notes on L.
Suttanipāta p. 92 n. 1.
Tarkaśāstra Note 1 on XX; Note 1 on XXXIX.
Udayana: *Nyāyakusumāñjali* Note on XII.
Uddyotakara: *Nyāyavārttika* Note on XI (p. 103); Note on XXXII. (p. 116); Note 1 on XXXIX Note 2 on LXIV (p. 133); p. 141.
Upāyahṛdaya Note 1 on XX; Note 1 on XXXIX.
Vācaspatimiśra: *Bhāmati* Note on XII.
—*Nyāyavārttikatātparyaṭikā* Note 1 on XXXI.
Vaiśeṣikasūtra (with the commentary of Candrānanda) Notes on XI and XII (p. 103).
Vātsyāyana: *Nyāyabhāṣya* Note 3 on II (p. 97); Note 1 on V; Note 2 on XX; Note 1 on XXVIII (p. 112); Note on XXXII (p. 116); Notes 1 and 2 on XXXIII; Note 1 on XXXIX; Note 2 on LXIV (p. 133).
Viśvanātha: *Nyāyasūtravṛtti* Note on XXXII (p. 116).